Schreiner

Denker der Praxis

Dieses Buch ist allen Handwerkerinnen und Handwerkern gewidmet, die als Geradeaus-Denker der Praxis unsere Gesellschaft am Leben erhalten.
Handwerker schulden immer ein Ergebnis.
Sie sind verantwortlich für das, was sie tun.
Deshalb ist die Tätigkeit eines Handwerkers mehr als nur Arbeit, sie ist eine Lebenshaltung.
Ein Handwerker tut, was er tut, weil er es kann.
Er ist eingebettet in einer Tradition aus Wissen und Erfahrung.
Er ist ausgestattet mit dem Gen der Verantwortung, was eine reale Selbsteinschätzung mit einschließt.
Das sind gute Voraussetzungen, dass sich aus einem Denker der Praxis ein Denker realer Utopien entwickelt.

Dieses Buch ist auch eine persönliche Widmung an aufrechte Handwerker, ohne die dieses Buch nie entstanden wäre.

Otmar S e s t e r   Töpfermeister
Alfred G i l l e r   Dreher
Heinz F i t z n e r   Lithograph

Schreiner

Denker der Praxis

Werner S e s t e r

Andreas G i l l e r

copyright: 2021 Werner Sester, Andreas Giller
Herstellung und Verlag; BoD - Books on Demand.
Norderstedt
ISBN 9 783754326695

Inhaltsverzeichnis

1. Einleitung

Wer sich heutzutage auf den Weg der inneren
Läuterung begeben will, stolpert früher oder später
über den Jakobsweg, oder er sucht sich einen Guru
mit Ashram, der ihm den Weg zur Erkenntnis und
Erleuchtung weisen soll.
Alle Wege enden im „Nichts".
Ein Meister lehrt Tiefe, Hingabe, Demut und
Weisheit und erwartet dafür Unterordnung, Hingabe,
Demut und Glauben.

Dieses schöne Konstrukt funktioniert in unseren
westlich kapitalistischen Gefilden überhaupt nicht.
Hier wird hinterfragt, gezweifelt, verworfen,
bekämpft und behauptet.

Entsprechend hat sich hier eine andere Spezies von
Meistern entwickelt, die mehr fragt als Weisheiten
verstreut, die zweifelt und den Zweifel setzt, die
lehrt und gleichzeitig lernt, die weiß, dass sie keine
Ahnung von den wesentlichen Dingen des Daseins
hat.
Der Ashram eines Schreinermeister heißt deshalb
auch ganz banal: „Schreinerei".

Der Anhang eines Schreinermeisters sind keine Jünger, sondern Gesellen, Gesellinnen und Auszubildende.

Und da ein Schreinermeister keinen Erleuchtungsweg weisen kann, fallen seine Weisheiten handfester aus, als das bei heiligen Männern und Frauen der Fall ist:
„Du machst und tust und kommst zu nichts."

Alle Wege führen ins „Nichts". Das zumindest ist die einheitliche Erkenntnis unterschiedlicher Vorgehensweisen.
Der Guru strebt nach dem „Nichts", der Schreinermeister sieht dieses „Nichts" als Problem.

Die Weisheit eines Schreinermeisters beginnt deshalb immer mit einer Frage oder mit einer Problembeschäftigung.
Die Suche nach einer Lösung ist der Weg des Meisters.
Und diese Suche kann nie im „Nichts" enden, weil das „Nichts" für einen Meister lediglich eine Herausforderung darstellt.
Deshalb gibt es auch kein Scheitern. Es gibt einen ständigen Neubeginn.

Der Unterschied zwischen einem Guru und einem Meister wird jetzt sehr deutlich.
Ein Guru ist mit sich und seinen Weisheiten zufrieden.

Ein Schreinermeister ist nie zufrieden, für ihn sind Erkenntnis und Dasein ein Prozess des ständigen Wandels.

Dieses Wissen treibt ihn an. Und dieses tiefe Wissen macht ihn ruhig.

2. Vom Lernen und Lehren

In Schreinereien wird das Schleifen an der
Breitbandmaschine allgemein als niedrige Arbeit
eingestuft.
Man schleift, um ein bestimmtes Schleifergebnis zu
erreichen. Teile werden auf der einen Seite
eingeschoben und auf der anderen Seite wieder
entnommen.
Der Vorgang beginnt, der Vorgang endet.
Ein Meister würde an dieser Stelle warnend den
Zeigefinger in Höhe strecken, wenn er es noch kann:
„Wer den Prozess des Schleifens in dieser Weise
verkürzt, hat den Wesenskern des Schleifens nicht
verstanden. Er verpasst in diesem Augenblick die
Chance, ein guter Schreiner und letztendlich ein
Wissender zu werden. ‚Schleifen' und ‚Erleuchtung'
liegen nahe beieinander."

Wenn die Breitbandschleifmaschine gestartet wird,
entsteht ein Startergeräusch, das nur diese eine,
wirklich nur diese eine Maschine weltweit hat. Am
Klang hörst du das Wohlbefinden der Maschine, du
hörst, ob sie bereit ist, mit dir in einen inneren
Dialog zu treten.

Die Schleifmaschine teilt Dir mit, wenn sie mit Deiner Einstellung nicht zufrieden ist.

Sie fordert dich auf, sie mahnt zur Wachsamkeit, sie fordert den harmonischen Gleichklang zwischen „dir und mir".

Ohne dieses verstehende Miteinander kommt kein gutes Ergebnis zustande.

Der Meister atmet die Maschinenstimme ein. Sie lässt seinen Körper vibrieren, er schwingt mit dem Rhythmus des Maschinentaktes mit, bis er die Gelassenheit der Maschine in sich aufnehmen kann.

Dann erst ist die Kommunikation perfekt.

Der Meister legt seine Hand auf die Maschinenseite – und bekommt gleich darauf einen leichten Stromschlag.

Die Maschine hat gesprochen!

Sie weist den Meister in ihrer eigenen Art darauf hin, dass er mal wieder die Turnschuhe mit den Sicherheitsschuhen verwechselt hat. Der Meister bedankt sich und wechselt heimlich seine Schuhe.

Der Meister befindet sich in einem fortlaufenden Prozess des Lernens. Die Maschine wiederum hat nie aufgegeben, den Meister zu unterrichten.

Altersbedingte Animositäten werden zu einer Herausforderung, sich gegenseitig immer neu aufeinander einzustellen.

Der Zusammenhalt wird gestärkt, wenn man die inneren Werte des anderen besser kennenlernt.

Die Einstellungen der Schleiftiefe werden normalerweise digital vorgenommen.

Aber der Meister weiß, dass die Schleifmaschine ihre Tagesformen hat. Sie liebt bestimmte Temperaturen, und am liebsten läuft sie allein. Sie genießt die uneingeschränkte Aufmerksamkeit des Meisters und sie liebt es, wenn sie die volle Absaugleistung nur für sich allein in Anspruch nehmen kann.

Der Meister achtet auf Empfindsamkeiten.

Er beginnt deshalb die Eingewöhnungsphase mit einem langsamen Herantasten.

Der erste Schleifdurchgang ist ein sanfter Probedurchlauf mit sehr lockerer Schleifung. Die Schleiftiefe wird sanft herunter- bzw. hochgefahren, um den Gewöhnungsprozess für die Maschine in Gang zu setzen.

Am Klang der Maschine hörst du, welches Lied die Maschine singt. Ist es ein Lied der Freude, oder ist es ein Lied des Schmerzes?

Das Lied der Freude erzählt die Geschichte vom Austausch zärtlicher Streicheleinheiten, von Liebe, von gegenseitiger Achtung und Bewunderung für neu entstehende Schönheit.

Das Lied des Schmerzes entsteht aus einer Missachtung der Gefühlslage des anderen.

Die Maschine quittiert diesen Fehlgriff mit einem lang gezogenen, quietschenden Klageruf, das Holz zieht sich zusammen und verliert sein Furnier.

Solche Missgeschicke passieren dem Meister nur selten.

Der Meister hat vorgesorgt und untersagt, dass der Prozess des Eingestimmtseins unterbrochen wird.

Niemand darf einen anderen stören, wenn er an einer Maschine steht.

Trotzdem passieren solche Dinge.

Und wenn mal wieder ein Vertreter hart angeschnauzt wird, dann weiß er jetzt, weshalb.

Schmerzen der Schleifmaschine erschrecken den Meister.

Er beginnt sofort mit der Korrektur. Alle Beteiligten wollen mehr Platz und Raum und stellen ihre maximalen Forderungen, die sich gegenseitig im Wege stehen.

Der Meister muss jetzt gut zuhören, bis zu welchem Toleranzbereich jeder Beteiligte mitgehen kann, um ein harmonisches Miteinander von Nähe und Distanz, von Interesse und Zugeständnis zu erreichen.

Der Tanz kann beginnen.

Es ist in der Tat ein Tanz. Mit Hüftschwung und einer Armbewegung hebt der Meister die Platte vom Rollwagen und übergibt den Schwung auf das rollende Förderband, das den Tanzschritt mit einer Soloeinlage beendet. Der Meister geht im Fünfwechselschritt neben seiner geworfenen Tanzpartnerin her und fängt am Maschinenende ihren strahlenden Körper wieder auf. Aus anfänglicher Übung entsteht ein Rhythmus der

Vertrautheit, der in eine entspannte Gelassenheit übergeht. Der Tanz hat die Regie übernommen und führt zu einer Selbstvergessenheit in einer zeitlosen Zeit.
Es ist ein ständiges Geben und Nehmen, ein Drehen und Wenden, ein Auf und Ab, ein Tanz der Hingabe.

Der Schreinermeister liebt diese Form der Einsamkeit.
Allerdings hat er als Meister auch die Aufgabe, andere in den Prozess des Schleifens einzuweihen.
Er tut dies als Lernender und Lehrender gleichermaßen.
So ein Prozess wird in stiller Form vermittelt.
Die Integration einer weiteren Person erweitert den Kommunikationsumfang erheblich.
Diese Person ist nicht geschult im Verständnis des Geschehens, sie ist nicht geschult im Zuhören des Unausgesprochenen.
Der Meister lehrt durch Vorleben. Er gibt den Rhythmus der Schwingung vor, um im Gleichklang von Maschine und Material den Neuling zu integrieren. Dieser merkt nicht, dass er sich eigentlich in einem erweiterten Kommunikationsprozess befindet.
Die Verschmelzung in einer übergeordneten Kommunikationssphäre hat begonnen.
In diesem Prozess verschwinden Gedanken,individuelle Gefühle und Bewegungen in einem Gleichklang einer Sphärenmusik.

Zu Störungen kann es auch hier kommen.
Es können sich kleine Frästeile aus dem Verbund
der Platte lösen.
Der Meister weiß, dass Kleinteile in einem
Schleifvorgang nicht überleben können. Die
Absaugung würde dieses Teil hochziehen und
festhalten.
Die Maschine hat den Meister gelehrt, dass ein
gesunder Schleifvorgang nur im Verbund möglich
ist.
Schiebt man ein Kleinteil in die Schleifmaschine
und sofort hinterher die große Platte, dann
lässt die Maschine mit händischer Unterstützung des
Meisters das Große und Kleine wieder zu einer
Einheit verschmelzen, mit gleich gutem
Schleifergebnis für die Beteiligten.

Wenn Vorgänge unerwartet eintreten, dann werden
Uneingeweihte davon überrascht.
Das führt dazu, dass sich Neulinge, meist
Auszubildende, öfter bücken müssen, um Kleinteile
vom Boden wieder aufzulesen.
Doch kurz danach beginnt der Lernprozess.
Der Helfer erwartet beim nächsten Schleifgang, dass
auch ein Einzelteil vorab ein Verbund sein kann. Er
lernt durch den Meister, die Maschine in diesem
Prozess zu verstehen. Der Verbund schafft die
Leistung, der Verbund ist die Quelle der Stärke und
des Ergebnisses.

Die helfende Kraft wird Teil des Verbundes und damit Teil der unendlichen Kommunikation, ohne dass sie eine Ahnung davon hat, was sie gerade gelernt hat und wer alles ihre Lehrer waren.

3. Der Übergang

Schlagen Sie nie auf Ihren Computer ein, wenn er mal wieder Dinge hervorzaubert, die so von Ihnen nicht gewünscht waren.

Ihr Computer befindet sich in diesem Moment in einem sehr intimen Dialog mit Ihnen. Er macht Sie entweder auf einen Denkfehler aufmerksam, oder er versucht, Sie zu überreden, Ihr Wissen um eine weitere Dimension zu erweitern.

Ein Schreinermeister kennt dieses Martyrium nur allzu gut. Er weiß, dass er den einfachen Vorgang, eine virtuelle Realität in eine händische Realität zu überführen, in seinem ganzen Ablauf nie wirklich verstehen kann. Der Punkt der Transformation ist und bleibt für ihn ein offenes Geheimnis. Sehen und Begreifen befinden sich auf unterschiedlichen Ebenen der Erkenntnis.

Ausgangspunkt eines Denkaktes ist für einen Schreiner normalerweise die Praxis. Er schöpft aus der Praxis, und er denkt praxisbezogen.

Problemfelder der Praxis werden zum Gegenstand des Denkens. Die Praxis bestimmt das Bewusstsein, das Bewusstsein wiederum wirkt zurück auf die Praxis. Das Sein bestimmt das Bewusstsein.

Karl Marx würde dem Schreinermeister jetzt auf die Schulter klopfen und sagen: „Gut so."
Das ist aber nur die halbe Wahrheit.
Ein Schreinermeister hat die besondere Gabe, sich in unbekannten Dimensionen bewegen zu können, wenn er fantasiert, plant und gestaltet. Sein Geist kann Utopien formen, die es so vorher noch nicht gegeben hat. Die Bindung an die Praxis gerät völlig in den Strudel des Unerforschten, wenn für die Umsetzung dieser „Überpraxis" virtuelle Realitäten hinzukommen, die in ihrer vorgefertigten Komplexität normale Verstandesleistungen bei weitem übersteigen. Der Verstand des Schreinermeisters ist an Programme gekoppelt, die in ihrem Wesenskern und in ihrem Umfang für ihn nicht wirklich transparent sind. Das Unbekannte, das Nichtfassbare und das Chaotische verschmelzen mit dem Praxisbewusstsein des Meisters.
Es gibt zwar Erfahrungen einer Wirksamkeit im Hinblick auf bestimmte Ergebnisse, aber die Möglichkeit ist sehr groß, dass sich im Prozess der Umsetzung des virtuellen Denkaktes, im Rückbezug auf die Praxis, Realitäten anders als geplant präsentieren. Das Leben hängt immer an einem Häkchen.

Aus einem zu niedrig gebauten Schrank, der in der virtuellen Welt durchaus perfekt war, wird in der Realität eine Herausforderung. Man kann verwerfen oder man kann anfangen, neu zu sehen. So kann es sein, dass auf einmal die zu niedrig konstruierte

Abstellfläche für Gerätschaften als Vorteil
empfunden wird, was vorher ein „No-Go" war.
Ähnlich ist es bei der Erschaffung eines Produktes,
bei dem der entstandene Abfall auf einmal eine
höhere Wertigkeit gewinnt als das Produkt selbst.
Eine solche Erkenntnis im Nachhinein kann sich nur
dann entwickeln, wenn man bereit ist, seine
Kontrollverlustangst zu bändigen, um ein offenes
Ergebnis empfangen zu können.

In einem Transformationsprozess von virtueller
Formung bis zur Überführung in die Realität ist das
gesamte Potenzial an möglichen Ergebnissen
enthalten.
Auf der Stufe der Potenzialität befinden wir uns
mitten in der platonischen Ideenlehre.
In der „Idee" als Potenzialität ist die ganze Fülle der
Ausgestaltungsmöglichkeiten von Realitäten
enthalten. Das beinhaltet sowohl Bekanntes als auch
die unendliche Fülle von Unbekanntem.

In einer Anekdote macht sich Diogenes über Platon
lustig, der von „Tischheit und Becherheit" spricht,
wenn er die Ideenlehre in seinem Mysterium
beschreibt:
„Tisch und Becher, Platon, sehe ich, Tischheit und
Becherheit aber ganz und gar nicht." Darauf Platon:
„Natürlich nicht, denn Augen, um Tisch und Becher
zu sehen, hast du, Augenheit, um Tischheit und
Becherheit zu schauen, aber nicht."
„Augenheit?!", staunte Diogenes.

„Verstand, wollte ich sagen!", rief Platon, aber Diogenes winkte ab: „Wärst du nicht Platon, so wäre das, was du sagst, nicht bloß dumm, sondern schon Dummheit."
(Peter Köhler, Geh mir aus der Sonne! Philipp Reclam jun., Stuttgart 2001 S. 20f.)

Diese Anekdote drückt sehr schön aus, wie man von unterschiedlichen Standorten aus unterschiedliche Sichtweisen gewinnen kann. Diogenes sieht das reine Ergebnis, Platon sieht die unendliche Fülle an Möglichkeiten, einschließlich der noch unentdeckten Potenzialitäten.

Die noch unentdeckten Möglichkeiten lassen sich nicht mehr mit den bekannten, praxisorientierten Begrifflichkeiten erfassen, weil sie in der reinen Potenzialität noch kein Gesicht haben. Platons eigene Sprachkonstruktionen sind daher notwendig, um die angesprochenen Dimensionen wenigstens anzudeuten.
Die Offenheit des Ergebnisses ist für Platon Teil des Transformationsprozesses.
Für Diogenes hat nur das Ergebnis Bedeutung, er ist zufrieden oder nicht zufrieden.

Im Schreinermeister vereinigen sich beide Positionen. Er ist ein Grenzgänger zwischen den Welten. In ihm verkörpern sich sowohl idealistische als auch materialistische Zugehensweisen zur Wirklichkeit.

Er ist knallharter Praktiker, aber auch ein offen Verwirrter.

Ein Meister bedient beide Welten, weil er das als Meister kann.
Er liefert, was gewünscht wird, und er lässt wirken, was sich gestalten will.
Den offenen Transformationsprozess erklärt der Meister in seinem Drei-Schritte-Modell:
„Am Anfang war die Idee, dann der Versuch, und danach kommt die Entdeckung."

Zum Schluss unterliegt das Ergebnis einer kritischen Bewertung.
Heißt der Kunde des Schreiners Diogenes, fliegt das Produkt in die Tonne, wenn es den Vorgaben nicht entspricht.
Heißt der Kunde Platon, dann wird ein Prozess eröffnet, bei dem sich der Kunde an das Produkt anpassen kann. Ein Schreinermeister drückt das so aus: „Wie's wät is bstellt!" (Sinngemäße Übersetzung: So wie sich das Produkt gestaltet, entspricht es den Vorstellungen des Kunden.)

Bleibt nur noch die Frage, wie sich der Schreiner nach dieser Auseinandersetzung selbst definiert:
Ist er ausführender Handlanger oder ist er Entdecker, ist er Sklave oder ist er Künstler?

.

Die Bewertung des Schreiners von dritter Seite
wiederum lautet:
Dummer Handwerker oder genialer Erfinder.

4. Das Schweigen des Meisters

Ein Schreinermeister äußert sich nur selten öffentlich zu aktuellen Tagesthemen, er bezieht fast nie Position zu irgendwelchen Ereignissen, er engagiert sich so gut wie nie bei brisant kontroversen Diskussionen.
Drücken Sie dem Meister jetzt nicht vorschnell den Stempel der Ignoranz und Dummheit auf. Solch eine Kategorisierung würde Sie um das Vergnügen bringen, in tiefere Regionen des Verständnisses vorzudringen. Dazu bedarf es der Geduld, Offenheit und Aufmerksamkeit für die vielen Details des Nichtgesagten.

Ein Meister tut, was er tut. Und dies tut er mit Bedacht.
Ein Meister sagt nichts, wenn er nicht sicher ist, dass er auch meint, was er sagt.

Das ist keineswegs selbstverständlich im Gebrauch der Sprache. Oft reden wir und plappern dabei einfach los, wir schweifen ab und verlieren dabei den Gehalt unserer Meinung.

Manchmal kommt beim Sprechen ein anderer Sinn heraus, als wir zuvor dachten, was wir meinten.

Und manchmal haben wir gar keine Meinung und erkennen dies erst beim Reden selbst.

Gehaltvoller wird es, wenn wir uns durch Sprache an anderen Menschen abarbeiten, auf der Suche nach Inhalten, die wir erahnen, aber noch nicht wirklich erfassen können.

Das ist natürlich ein übles Benutzen eines Zuhörers. Schöner ausgedrückt, ist es ein hermeneutischer Prozess der Annäherung an das Unbekannte mittels Sprache, wenn wir versuchen, eine entfremdete Welt für uns schrittweise zu entschlüsseln.

Das alles erfordert viel Geduld, Geduld mit sich selbst, aber auch viel Geduld vom Zuhörer.

Die Vielheit der Worte sagt nichts über den Wahrheitsgehalt des Gesagten aus. Die Penetranz eines Sprechenden muss nicht darauf hindeuten, dass sich in seinen Worten ein tieferer Sinn verbirgt. Die Spanne zwischen Plappern und ernsthafter Suche ist groß.

Wird bei diesem Bemühen der Sprechende als Schwätzer angesehen, ist die Rede mit Sicherheit gescheitert.

Wer etwas sagt, sollte deshalb immer auch ein guter Beobachter sein.

Er sollte erkennen, ob der schwierige Akt der Übertragung der Worte und deren Aufnahme, also Meinen, Sagen und Verstehen, in einem Gleichklang sind. Er muss spüren, ob die Intention seiner Worte und deren Ernsthaftigkeit die Schwingungen des Hörenden erreicht haben.

Es bedarf oft weniger Worte, um einen tieferen Sinn auszudrücken. Aber diese wenigen Worte müssen an die Wirklichkeit einer Sache, um die es geht, angelehnt sein. Dazu muss ein Schreinermeister diese Wirklichkeit sehr gut kennen, um aus ihr seine Wahrheit zu schöpfen.

Der Meister muss mit dieser Wirklichkeit infiziert sein, er muss sich mit dieser Wirklichkeit identisch fühlen, damit er das Gemeinte in eine sprachlich korrekte Form umsetzen kann.

Ohne Identität von Person, Sache und Ausdruck ist eine verständliche Umsetzung des Gemeinten in das Gesagte nicht möglich.

Identisch fühlt sich ein Meister auf seinem eigenen Terrain – in seiner Werkstatt.

Er kennt jedes Detail, jedes Geräusch, alle Gerüche, jeden Handgriff. Jede Unstimmigkeit fällt ihm auf.

Er hat einen allumfassenden Blick und einen integrativ denkenden Verstand.

Der Schreinermeister versteht seine Wirklichkeit. Er hat sie ergriffen und begriffen.

Er ist ein Kenner seiner Welt, er ist der Meister seiner Welt.

Gehen wir einen Schritt weiter.

Schieben Sie den Meister vor die Tür seiner Schreinerei und stellen Sie ihm eine einfache gesellschaftspolitische Frage.

„Hat das Gender-Thema in Deutschland eine künstlich aufgeblähte Gewichtigkeit erhalten, um von den wirklich großen Problemen dieser Gesellschaft abzulenken?"

Der Meister schweigt!

Schieben Sie den Meister zurück in seine Werkstatt. Jetzt stellen Sie ihm die gleiche Frage noch einmal. Der Meister wird Ihnen garantiert antworten. „In meiner Werkstatt hat sich bisher kein Mensch, der sich als Gender bezeichnet, vorgestellt. Ich kenne keinen einzigen Kollegen, bei dem solch eine Person arbeitet. Für uns Schreiner*innen ist ‚Gender-Sein' kein Problem. Es war nie ein Problem und es wird niemals ein Problem werden. In einer Schreinerei arbeiten Menschen zusammen, die eine Gemeinschaft bilden. In dieser Gemeinschaft gibt es keine Unterschiede von Personen, ob sie sich nun als Mann, Frau oder als Gender definieren. Das ist genauso egal wie die Herkunftsländer, aus denen die einzelnen Menschen kommen. Übernehme ich Verantwortung, bringe ich meine Fähigkeiten ein, bin ich ein tragendes Element der Gemeinschaft?" Das sind Fragen, die Unterschiede ausmachen.

Letztendlich ist es die Kraft der Gemeinschaft und das Zusammenwirken aller, die jeden Unterschied aufheben.

So formt sich eine Schreinerei.
Die Grundlage sind Anerkennungsverhältnisse, die
viel weiter gehen als jede Diskussion über
Unterschiede. Und wenn es gelingt, den Einzelnen in
seinen Fähigkeiten und Bedürfnissen zu fördern und
zu unterstützen, dann befinden wir uns jenseits des
vorher gefassten Fragebereiches.

Nun machen Sie noch einmal den Test.
Schieben Sie den Meister wieder vor seine Tür und
stellen Sie noch einmal exakt die gleiche Frage:
Der Meister schweigt schon wieder!

Der Standort des Meisters scheint entscheidend zu
sein, ob er sich äußert oder nicht.
Damit ist Schweigen nicht einfach eine
Ausdrucksform, es ist ein Ausdruck mit Inhalt.
Diesen Inhalt sollten wir uns näher anschauen.

Auf einem vertrauten, sichereren Terrain stellt sich
für einen Schreinermeister die Identitätsfrage nicht.
Die Schreinerei ist wie der Teich der Liebenden,
abgetrennt von der Umwelt, mit eigener Musik, mit
intensivem Austausch, mit eigenem Sprachcode, ein
Ort der Hingabe und des Vertrauens.
Befindet sich der Schreinermeister außerhalb seines
Kompetenzbereiches, ändert sich das schlagartig.
Die Vielfalt an Meinungen, Kompetenzen und
Sichtweisen über eine einzige Sache überlastet das
System „Meister" in einer Weise, dass er nicht

wirklichkeitsnah, also identisch, reagieren kann. Der Meister muss sich eingestehen, dass er nichts weiß. Vermutlich kommt Ihnen dieser Satz des weisen Sokrates bekannt vor, der sagte:
„Ich weiß, dass ich nichts weiß!"
Sokrates galt als der Weiseste im alten Griechenland.
Aus dem Munde eines Schreinermeisters klingt dieser Satz eher wie das Eingeständnis völliger Hilflosigkeit.
Für Sokrates war sein Nichtwissen stets der Ausgangspunkt einer Frage. Mit seinen Fragen versuchte er, das Dunkle zu erhellen.
Einem sprachlosen Schreinermeister stehen in diesem Fall die Mittel des Fragens nicht zur Verfügung.
Seine Sprachlosigkeit wird deshalb selbst zur Frage.

Die Identitätskrise des Schreinermeisters beginnt, sobald er seine Schreinerei verlässt.
Er verliert seine integrierende Rolle als lenkender Akteur und wird zum reinen Beobachter anderer Weltsichten. Einzig sein Schweigen stützt ihn in seinem Selbstverständnis und rettet ihm seinen Standort, von dem aus er seine Beobachtungen bewerten kann.

Zu jedem Ereignis gibt es Meinungen.
Die Vielheit der Meinungen zu einer Sache kann ein Schreinermeister in seiner Ganzheit nicht erfassen.
In jedem Problem bündeln sich die Meinungen von

Fachleuten, Betroffenen, Entscheidungsträgern, Lobbyisten, Parteien, Statistikern, Bevölkerungsgruppen, Regierungen, nicht zu vergessen die Besserwisser und eine Unzahl an Verrückten.

Allen gemein ist, dass sie nicht harmonisierend und integrativ agieren, sondern das jeweils eigene Interesse ins Zentrum ihres Handelns stellen.

Das jeweilige Interesse bestimmt die Richtung der Diskussion.

Es geht nicht um ein identitätsbestimmtes Wissen auf der Suche nach einer tragenden Wahrheit, sondern es geht um das Durchsetzungsvermögen von Interessen.

Die Frage nach dem Interesse ist der Schlüssel, um Entscheidungen in ihrem Grundgehalt zu entschlüsseln. Auf diese Weise ist es uns möglich, über das „Interesse" die wahren Absichten hinter den Worten des Sprechenden zu entdecken.

Ein Handwerker drückt diese Erfahrung sehr nüchtern aus:

„Alle wollen nur mein Bestes, mein Geld!"

Das Zusammenwirken vieler unterschiedlicher Interessenlagen endet gerne in einem Kompromiss.

Diese Art von Verständigung ist mit einer Restmüllkippe vergleichbar.

In einem Kompromiss verschwinden die aufrechten, identitätsbestimmten Beiträge genauso wie undurchsichtige geheime Absprachen,

Manipulationen, persönliche Bereicherungen, Drohungen oder Bestechungen. Das Ganze wird dann als Recycling-Erfolg verkauft.
Wirklich durchsichtig bleiben nur Bruchstücke eines Abkommens, bestimmt für die Außendarstellung.

Der Meister kennt dieses Spiel.
Und er weiß um seine Ohnmacht.
Um nur eine einzige Sache in seiner Wahrheit begreifen zu können, müsste der Meister alle Ausprägungen und Hintergründe der Wirklichkeit erfassen. Erst dann könnte er sich eine Meinung bilden, um etwas Stimmiges zu sagen.

Und wer kann so etwas?
Das kann niemand!

An den Ärmsten der Armen, den Politikern, können wir uns das näher verdeutlichen.
Sie stehen als Entscheidungsträger an der Spitze eines Staates. Entsprechend groß ist die Informationsfülle.
Haben Sie sich jemals Gedanken darüber gemacht, was ein Außenminister alles wissen muss, um seinen Job auch nur annähernd gut bewältigen zu können?
Es geht dabei um Beziehungen, um Abkommen, um Bündnisse, um Hilfestellungen, um Vermittlungen, um Verträge, um Finanzen, um Konflikte, um Geheimdienste und um vieles mehr, und das weltweit.

Würde sich ein Minister alle Informationen seines Ministeriums und der Ministerien seiner Amtskollegen der Welt von einer einzigen Woche vorlegen lassen, dann bräuchte er vermutlich mehrere Leben, um nur die Seiten umzublättern.
Was können wir also von einer Person erwarten, die mit einer derartigen Fülle an Informationen gefüttert werden müsste, um identisch wissend entscheiden zu können?
Wir können erwarten, dass sie die Namen ihrer Amtskollegen bei einem Besuch richtig aussprechen kann und dass sie weiß, in welchem Land sie sich gerade befindet.

Das klingt bösartig. Das ist es aber nicht. Es ist einfach die realistische Einschätzung, dass ein Mensch eine derart umfangreiche Materie nie im Detail erfassen kann.

Jetzt werden Sie selbstverständlich einwenden, dass alles systemisch funktioniert.
Man delegiert in komplexen Systemen.
Deshalb gibt es Regierungssprecher, Ausschüsse, Staatssekretäre, Sachbearbeiter, Redenschreiber, wissenschaftliche Dienste, Handwerker und Hausmeister.
Und wo bleibt die viel gepriesene Identität eines Politikers?
Die ist ebenfalls systemisch.
Ein Politiker lebt mit einer geliehenen Identität, mit einer geliehenen Autorität, mit einer geliehenen

Wahrheit, mit einem nicht überschaubaren Sachverhalt. Er trifft auf diesen Grundlagen seine Entscheidungen, die andere für ihn vorweg sortiert und entschieden haben.

Das muss so sein. Nur so lässt sich die Fülle an Information handhaben.

Sein Beitrag besteht darin, Informationen an seine parteipolitischen, wirtschaftlichen und persönlichen Interessen anzupassen.

Deshalb haben wir immer das Gefühl, dass ein Politiker nie sagt, was er meint, und nie meint, was er sagt.

Deshalb wird ein Politiker immer entfremdet arbeiten.

Deshalb sind Politiker einsame Menschen, die ihr Selbst nicht finden.

Verurteilen Sie nicht unsere Politiker!
Politiker sind mutige Menschen.
Ihr Tun basiert auf einem einzigen Pfeiler.
Dieser Pfeiler heißt V e r t r a u e n.
Es ist ein Vertrauen in das System, und das ist mutig.

In einer Gemeinschaft, in der keiner dem anderen vertraut, gibt es eigentlich keinen Grund, zu vertrauen. Sie tun es trotzdem, und das ist mutig.

Es gehört viel Stehvermögen dazu, wenn in einer pluralistischen Gesellschaft die Fülle der Probleme mit all ihren unterschiedlichen Meinungen und

Strömungen jeden Harmonisierungsgedanken erschlägt.

Manchmal hilft in diesem einsamen Kampf ein Festklammern an Grundwerten und kulturellen Orientierungen, was zumindest einen Hauch von Zusammengehörigkeit durchscheinen lässt, aber der Rest der Arbeit besteht in Aufräumarbeiten.

Wer sich dem Interesse verpflichtet fühlt, der wendet sich gleichzeitig der Macht zu.
Macht und Interesse brauchen einander.
Die Verbindungen mit der Macht stabilisieren und verstärken die Interessen.
Es geht um Interessen!
Macht ist nur ein Mittel, Macht ist die Droge, um den Interessen den Weg zu ebnen.
Drogen vernebeln das Gehirn und suggerieren den Menschen, dass sie etwas Besonderes sind.
Macht vermittelt das Gefühl, Gestalter und Auserwählter zu sein.
Macht suggeriert Kompetenz und eine Haltung: „Das steht mir zu!"
Macht erhöht, Macht gibt Potenz, Macht gibt Einfluss.
Und:
Macht korrumpiert, Macht unterdrückt, Macht ignoriert, Macht zerstört.
Vor allem ist Macht ein Mittel der Ablenkung.
Verfolgen Sie das Interesse, um Hintergründe zu verstehen.

Halten Sie sich nicht mit der Macht auf.
Es ist wie in einem schlechten Mafiafilm.
Verfolgen Sie das Geld, verfolgen Sie das Interesse,
dann landen Sie im Zentrum des Geschehens.
Und vergessen Sie bitte alle Zugekifften, die die
Realität im Machtrausch verloren haben.
Damit verschwenden Sie nur Zeit.

Die Welt vor der Werkstatt tickt anders als die Welt
in der Werkstatt.
Der Meister hat diesen Unterschied sehr wohl
begriffen.
Und weil ein Meister kein isoliertes Wesen ist,
entwickelt er eine Haltung, mit der er eine
Verbindung zwischen Werkstatt und der restlichen
Welt herstellt:
„Wenn es einem Politiker mit einer geliehenen
Identität, mit all seinen Machtgelüsten und
Unvollkommenheiten, gelingt, dem System, das ihn
füttert, zu vertrauen, dann will auch ich den
aufrechten Menschen in diesem System vertrauen."
Damit hat er die Verbindung zwischen der
Schreinerei und der großen weiten Welt hergestellt,
wohl wissend, dass Systeme auch nur Menschen
sind.
Es gibt wohl keine größere Bindung als das
Vertrauen von Menschen in Menschen.
Umgekehrt muss aber genauso feststellt werden,
dass nichts mehr zerstört als Vertrauensmissbrauch.

Der Meister bleibt wachsam. Er beobachtet genau.

Das Vertrauen des Meisters ist umfassend und hoffnungsvoll.

Der Meister vertraut darauf, dass es sehr viele Bereiche in einer Gesellschaft gibt, in denen sich ein Leben unter Anerkennungsverhältnissen etablieren kann. Er vertraut darauf, dass die Suche nach einem identitätsbestimmten, erfüllten Dasein Machtgelüste ablösen wird.

Und der Meister vertraut darauf, dass es immer Momente des Schweigens und Innehaltens geben wird, die das Gute in den Menschen hervorholen, sei es mit einem Kniefall, mit einer Grenzöffnung oder mit dem Abschalten von Atomkraftwerken.

Diese historischen Momente sieht der Schreinermeister als Belohnung für seine Haltung des Vertrauens.

Der Meister lächelt.

Der Meister schweigt.

Danach macht er sich auf den Weg zur Bäckerei, um Süßteile für die gemeinschaftliche Kaffeerunde zu besorgen.

5. Ein Riss geht durch die Welt

Es gab einen fürchterlichen Schlag.
Der Meister reagierte sofort und betätigte den
Notschalter an der CNC-Maschine.
Normalerweise würde der Meister jetzt toben.
Aber der Meister sagte keinen Ton.
Das allein war schon beunruhigend.
Die Minuten, in denen der Meister schweigend vor
der Maschine stand, erschienen seinen Kolleginnen
und Kollegen wie eine Ewigkeit.
Alle starrten die Maschine und den Meister an.
Keiner wagte eine Bemerkung, keiner stellte eine
Frage.
Die Situation war beängstigend, weil eine
unerträgliche Spannung in der Luft lag.
Der Meister berührte seine CNC-Maschine und
schwieg.
Er war erschüttert, das konnte jeder sehen.
Es war etwas geschehen, was eigentlich nie hätte
passieren dürfen.
Ein Fräser war gebrochen, das Massivholzstück lag
zerfetzt in seiner Verankerung, das Spannfutter war
verbogen.

Viele Schreinerkollegen werden jetzt lachen, denn so ein Missgeschick ist Alltag in einer Schreinerei. Für unseren Schreinermeister war es jedoch kein Missgeschick.
Er wusste das. Deshalb ging es nur um eine einzige Sache: „Verstehen."

Die Kollegen hatten sich zwischenzeitlich klammheimlich verdrückt, während der Meister nach wie vor ungerührt vor dem Trümmerhaufen stand.
Im Kopf ging er jede Einzelheit seiner Tätigkeiten noch einmal durch:
Er hatte für eine Spezialfräsung einen Fräser aus dem Metallerhandwerk benutzt, der eine besondere Schliffform hatte. So eine Übertragung eines Werkzeuges von einem Gewerk in ein anderes ist nicht ungewöhnlich. Die langjährigen Erfahrungen aus anderen Bereichen sind oft sehr befruchtend für Schreiner mit ihrer noch jungen Tätigkeit in der CNC-Bearbeitung.
Was der Schreinermeister nicht bedacht hatte, war die unterschiedliche Geschwindigkeit, mit der eine CNC im Metall- und im Holzbereich gefahren wird.
Die Umdrehungszahl eines Fräsers in der Holzbearbeitung ist zehnmal schneller als bei den Kollegen im Metallbereich.
Die Geschwindigkeit war der Knackpunkt bei der Übertragung des Werkzeuges von einem System in ein anders.

Das eine System war für das andere System zu schnell – und deshalb nicht funktionsfähig.

Das Gesicht des Meisters erhellte sich.
Er verneigte sich vor seiner Maschine und bedankte sich für diese eindrucksvolle Belehrung.
Die Maschine hatte ihm gezeigt, dass Systeme auf eine bestimmte Geschwindigkeit abgestimmt sind.
Nur wenn System und Geschwindigkeit zueinander passen, kommt ein befriedigendes Ergebnis heraus.
Dieser Zusammenhang von System und Geschwindigkeit eröffnete dem Meister eine bisher ungewohnte Sichtweise auf die Welt.
Er sah auf einmal den Riss, der durch die Welt geht, einen Zeitriss, der die Welt in zeitverschobene Einheiten zerstückelt hat, als Folge unterschiedlicher Geschwindigkeiten in der Entwicklung wirtschaftlicher, sozialer, kultureller und politischer Verhältnisse.

Durch unterschiedliche Geschwindigkeiten in der Entwicklung etablierten sich rund um den Globus unterschiedliche Systeme mit eigener Schwingung, eigener Identität und kulturspezifischen Ausdrucksformen.

Der Meister hat aus seiner Erfahrung erkannt, dass sich aus Systemen mit unterschiedlicher Geschwindigkeit keine Teile von einem System in ein anderes übertragen lassen, ohne erhebliche Beschädigungen auf beiden Seiten zu riskieren.

Die Logik hieraus wäre, dass sich Systeme natürlicherweise ausweichen.
Das ist aber nicht der Fall, im Gegenteil.
Alle Systeme haben eine Bindung zueinander aufgebaut, und dafür ist eine einzige Sache verantwortlich. Das Bindeglied der Systeme lässt sich auf einen Begriff bringen, und der heißt: „PROBLEME".
Das klingt erst einmal sehr verwirrend und kompliziert.
Schon allein die Vorstellung, dass PROBLEME die Funktion eines zentralen Bindegliedes zwischen Gesellschaften übernommen haben, löst bei einem Betrachter Widerstand aus.

Auf der persönlichen Ebene kommt uns das weniger fremdartig vor. Neben der romantisierten Beziehung „Liebe" gibt es viele Beziehungen nur deshalb, weil man sich in seinen Problemen trifft. Einer füllt oder nutzt die Lücke des anderen aus und umgekehrt.

Auf der Ebene von Gesellschaften ist der Gedanke einer Negativ-Verbindung gewöhnungsbedürftig.
Trotzdem ist diese Art der Verbindung vorherrschend, und ich wage, zu behaupten, ausschließlich.
Man trifft sich, weil man etwas braucht oder etwas will.
Man hat ein Problem!
Die treibenden Kräfte, die sich hinter dem Kontaktwunsch verbergen, sind die jeweiligen

Interessen. Und die haben unterschiedliche Gesichter.

Die Spannbreite des Zusammenwirkens geht vom gewöhnlichen Austausch bis hin zu Kriegshandlungen. Ein arabisches Sprichwort drückt das in etwa so aus: „Die Hand, die du nicht abhacken kannst, schüttle."

Alle Verbindungen befinden sich unter dem gleichen Dach „PROBLEME".
Die Gründe und auch die Ausprägungen von Systemberührungen können furchtbar sein.
Wir reden über Kriege, Hunger, Mangel, Armut, Entbehrungen, Seuchen, Gewalt, Unterdrückung, Bildungsmangel, Kulturdefizite. Wir reden auch über wirtschaftliche Interessen, über Rohstoffmangel, Arbeitskräftemangel und vieles mehr.

Kein System ist in dem Weltgefüge so isoliert, dass es nicht in irgendeiner Weise auf die Verbindung zu anderen Gesellschaften angewiesen ist. Jedes System handelt hierbei nach dem ökonomischen Prinzip: „Aus einer Verbindung den größtmöglichen Erfolg herausholen, mit einem Minimum an Reibungsverlust."
Probleme und eigene Interessen bilden die kombinierte Kraft, die eine Außenschau zu anderen Systemen ausblendet oder auf ein Minimum reduziert.
Das ist die Handlungsebene.

Auf der Wirkungsebene gelten andere Gesetze.
Eine Wirkung lässt sich nicht wirklich ausblenden.
Das PROBLEM steht über allem und jedem, ob man
es will oder nicht. Die kleinste Veränderung im
Gesamtgefüge wirkt sich auf die eine oder andere
Weise auf die anderen Systeme aus, weil alle
miteinander in Schwingung sind, in einem
Abhängigkeitsverhältnis, das in alle Richtungen
wirkt.
Wie verwundbar das Gesamtsystem ist, zeigt sich
durch die internationale Verflechtung der
Wirtschaft, wenn auf einmal Lieferketten
unterbrochen werden, weil ein Tanker im Suezkanal
quer steht.

Und jetzt sind wir wieder bei der Erkenntnis unseres
Meisters:
„Verantwortlich für diese Abhängigkeit ist der
Weltenriss, ist die unterschiedliche
Geschwindigkeit, mit der sich Gesellschaften
entwickelt haben."

Bleibt die Frage, wieso es überhaupt einen
Weltenriss gibt. Wieso nähern sich
Geschwindigkeiten nicht an? Wer blockiert die
Entwicklung, wer verhindert den Heilungsprozess
des Weltenrisses?
Hier sind sich die Fachleute fast alle einig. Schuld
an der ganzen Misere ist das internationale
Wirtschaftssystem.

Der Kolonialismus gilt als Ursache eines Abhängigkeitsverhältnisses zwischen Entwicklungsländen und Industrienationen. Die treibenden Kräfte, die den Weltenriss vorangetrieben haben, sind die kapitalistischen Weltmetropolen, die die Märkte dominieren und nach ihrem Bedarf hin ausrichten. Armutsgefälle sind hierbei erwünscht, Rohstoffausbeutung eine Selbstverständlichkeit zum Wohle der Profitmaximierung.

Das ist eine harte Formulierung. Es gibt mit Sicherheit auch andere Erklärungsversuche, die den Interessen der Profiteure mehr entsprechen.

Der Meister hat seine eigenen Erfahrungen.
Er registriert die Verflochtenheit im internationalen Maßstab. Er leidet darunter, dass sich China und die USA beim Holzeinkauf den Weltmarkt aufteilen und er auf einmal ohne Material dasteht. Er registriert die Machtfülle der Konzerne und des Finanzsystems, er erkennt ihre Strategien und Absprachen bei Preiserhöhungen und Kreditvergaben, und er sieht die Unterstützung und Anpassung ihrer Bedingungen auf gesetzlicher Ebene. Er registriert verwundert, welche Großkonzerne den Stempel der Systemrelevanz aufgedrückt bekommen, wohingegen das Handwerk als tragende Säule der Gesellschaft leer ausgeht. Der Meister blickt verwundert auf China, die die alten Strukturen im Zeitriss kopieren, verfestigen und mit neuer Machtfülle weiter ausdehnen. Er leidet an seiner Abhängigkeit gegenüber einem anonym lächelnden

41

Marktbeherrscher, der auf einmal die Lieferfähigkeit des Meisters bestimmt.

Angesichts dieses undurchdringlichen Interessengeflechtes wirkt der Meister ernüchtert, aber keineswegs resigniert.
Er sieht sein konkretes Problem in der Praxis und arbeitet an einer Lösung.
Er will sein Problem nicht nur lösen, er will auch die Thematik insgesamt besser verstehen.
Also passt er die Dosierung, sprich Geschwindigkeit des Fräsers, an sein System an.
Der Prozess der Anpassung erfordert viel Geduld, weil man sich nur schrittweise durch ständiges Ausprobieren einem tragfähigen Kompromiss annähen kann.
Es wird ein Kompromiss bleiben, da ist sich der Meister ganz sicher, denn Systeme mit unterschiedlicher Geschwindigkeit haben verschiedene Grundausrichtungen, die nie harmonieren werden.
Das ist bei dem Schreinermeister so, das ist in jedem Systemkontakt so.
Duldung bis zur Schmerzgrenze ist möglich, aber Toleranz bleibt eben nur Toleranz.
Einzig durch den Prozess des Lernens und Verstehens kann man systemfremde Teile integrieren.
Und irgendwann ist der Punkt erreicht, dass die schmerzlichen Erfahrungen überwunden sind.

Dann fließen die gewonnenen Erkenntnisse als Bereicherungen in die Entwicklung einer neuen Fräsergeneration mit ein.

Entscheidend für das Verständnis solcher Problemlösungen, das hat der Meister verstanden, ist der Faktor Zeit.
Nur mit der Zeit können Menschen und ganze Systeme lernen und verstehen, dass sie durch ihre Probleme miteinander verbunden sind. Sie müssen ebenfalls verstehen, dass sich Systeme mit unterschiedlichen Entwicklungsgeschwindigkeiten nicht einfach kopieren lassen.
Das ist wohl auch der Grund, weshalb modernisierungstheoretische Ansätze in der Politikwissenschaft so kläglich gescheitert sind.
Moderne Industriestaaten eigenen sich nicht unbedingt als Richtungsmodell für Entwicklung, wenn man die Gesichtspunkte von „Qualität und Zufriedenheit" in die Überlegungen mit einbezieht.
Bhutan gilt als das glücklichste Land auf der Welt, und Bhutan ist mit Sicherheit keine Industrienation.

Die Erfahrungen des Meisters lassen sich auf viele Bereiche des Lebens anwenden.
Wer aus einem anderen Kulturkreis geflüchtet ist und bei uns um Hilfe bittet, begibt sich auf einen Zeitsprung der Systeme, quasi als Repräsentant seines Herkunfts-Systems.
So ein Sprung setzt die gesamte kulturelle Herkunft dieses Menschen außer Kraft.

Das ist ein wahnsinniger Einschnitt.
Frauen sind auf einmal Vorgesetzte, Männer
heiraten Männer, Alkohol ist ein Genussmittel, über
Gott und Allah wird gelästert, Mohammed erscheint
als Karikatur.
Wir nennen das gerne Kulturschock. Aber wir reden
hier eigentlich über Schmerzen.
Niemand kann eine so radikale Umstellung in
seinem Leben ohne Substanzverlust verkraften. Der
Mensch braucht Zeit, um Dinge zu verarbeiten.
Genauso unmöglich ist es auf der anderen Seite, dass
sich ein aufgeklärter Westler kulturfremden Regeln
unterwirft. Jeder Wert in unserer Demokratie wurde
mit viel Blut und Leid erkämpft.
Es stehen sich zwei Auffassungen davon, was richtig
und was falsch ist, unversöhnlich gegenüber.
Es ist der Kampf zwischen Systemen, ein Kampf der
Kulturen.
Das Bindeglied, Toleranz, ist erst einmal ein
schwaches Bindeglied, wenn die Grundfeste der
kulturellen Herkunft, und damit die eigene Identität,
angezweifelt werden.
Wer sich nicht akzeptiert fühlt, geht in Widerstand.
So ist das nun mal, wenn durch zeitliche
Verschiebung in den Entwicklungen eine
Harmonisierung nicht erreicht werden kann.
Das PROBLEM als konkretes Problem wird zum
wichtigsten Bindeglied von Menschen aus
unterschiedlichen Systemen. Es wird zum Auftrag
und zur Herausforderung, damit aus dem Problem
nicht viele Probleme werden.

Von dem Anspruch, dass man einen Weltenriss ganz kitten kann, sollte man sich schnell verabschieden. Wir können Probleme offenlegen, wir können Probleme verstehen, wir können dazulernen, aber wir können keine kulturellen Wunden heilen. Wir können lediglich unseren Toleranzbereich erweitern und den Umgang miteinander verbessern.

Zuhören und voneinander lernen. Das ist das Konzept für den Umgang mit Problemen auf der menschlichen Ebene. Zu einer Harmonisierung wird es trotzdem nicht kommen.
Das liegt an den vielen unterschiedlichen Erlebnisdefiziten.
Wirkliches Verstehen braucht konkrete Erfahrung. Kulturelle Erfahrung kann man sich nicht aus dem Internet herunterladen.
Ein Prozess der Anpassung kann sich über Generationen hinziehen, bis ein Transformationsprozess stattfindet, der als Bereicherung angesehen wird.
Der Weg des Meisters ist ein langer Weg.
Er arbeitet am Heilungsprozess des Weltenrisses im Rahmen seiner begrenzten Mittel mit.
Es gibt eine Zeit des Abwartens und es gibt eine Zeit des Handelns.
Der Meister vertraut den vielen Menschen, die in verantwortlichen Positionen am Heilungsprozess des Weltenrisses mitarbeiten. Er vertraut der Kraft der Handwerker, die sich im Kampf gegen

Unterdrückung zu gegebener Zeit immer in den vordersten Reihen befunden haben.

Und er vertraut auf die Kraft einer breiter werdenden Vernunft, einer zweiten Renaissance, die sich der ungezügelten Hemmungslosigkeit entgegenstellt.

Im großen Beziehungsgeflecht gibt es ebenfalls Kräfte, die am Heilungsprozess des Weltenrisses arbeiten.

Präsentiert sich das PROBLEM in reinster Form, d. h. ist es unkontrolliert, nicht zuordenbar und systemübergreifend und macht alle gleichermaßen zu Opfern, dann ist das Problem des einen auch das Problem des anderen. Wir kennen das von einer Pandemie, von Naturkatastrophen, vom Klimawandel, Meeresverseuchung, Artensterben oder Kriegsdrohungen.

Unter dem Oberbegriff PROBLEM sind auf einmal alle gleichermaßen Opfer.

In dieser Vereinheitlichung wird ein Begriff zum Pflaster im Weltenriss.

Alle müssen gemeinschaftlich Lösungen suchen.

Man verständigt sich aus einem gleichen Interesse heraus.

Das PROBLEM übernimmt die geistige Führung in der Bekämpfung der Gefahr.

In der konkreten Praxis ist es das Zusammenwirken aller mit dem gleichen Ziel.

Die Gemeinsamkeit in der Arbeit und in der Zielsetzung führt zu einem gleichberechtigten Nebeneinander unterschiedlicher Systeme.

Die gegenseitige Achtung und Anerkennung in diesem gemeinsamen Tun ändert vielleicht nichts in der unterschiedlichen Geschwindigkeit von Systemen, aber sie ändert etwas im Kopf: Wir leben zusammen in einer Welt.
Das ist ein guter Anfang.

Die Vereinten Nationen haben das Recht auf Entwicklung 1986 zu einem unveränderlichen Menschenrecht erklärt.

6. Fremdkörper

Wenn ein Schreinermeister seine Werkstatt betritt,
ändert sich das Raumklima.
Seine Subjektivität ist mehr als eine Erscheinung der
Person, es ist eine Wirksamkeit mit körperlicher,
geistiger und seelischer Ausstrahlung auf seine
Umgebung.
Er benötigt nicht den Akt der Selbstsetzung, um sich
seiner Subjektivität zu vergewissern, der Meister ist
sich seiner gewiss. Wer sich hat, braucht sich nicht
ständig „wiederzuholen".
Der Meister trägt seine Wirklichkeit in die
Schreinerei hinein als kommunikativen Akt mit den
Kolleginnen und Kollegen und trifft auf deren
subjektive Wahrnehmungen, die zusammen den
Geist der Werkstatt bilden.
Es formt sich ein Gebilde der Verständigung, die
aufgehoben ist in einem geschichtlichen
Verständnis, geprägt durch Tradition, das Wissen
und die Erfahrungen aus gemeinsamen Erlebnissen.
Das klingt erst einmal sehr harmonisch. Die
Abgeschiedenheit der Werkstatt vermittelt ein
Gefühl der Stärke, der Einheit, der Gemeinsamkeit.
Es gibt ein Drinnen und ein Draußen.

Wenn man in einem Minikosmos lebt, lauern überall Gefahren, die einen kleinen, sensiblen Teich sehr leicht zum Kippen bringen können.

Die Geschehnisse in einem sehr großen Teich, wie etwa die Finanzkrise, die Pandemie, weltweite Holzverknappung, veränderte Bedingungen bei der Kreditvergabe, wirken sich unmittelbar auf die kleine Schreinerei aus. Trotz dieser Wirksamkeiten nagen diese Gefahren nicht an der inneren Festigkeit der Gemeinschaft.

Seit einiger Zeit beobachtet der Meister ein weltweites Phänomen, eine Sozialstörung, die sich wie eine geistige Erkrankung darstellt und zu hemmungslosem Treiben anregt. Dieses Phänomen verbreitet sich ungezügelt, mit rasender Geschwindigkeit.

Dabei können sich Kräfte ungehindert entfalten, die ein enormes Zerstörungspotenzial haben.

Der Schreinermeister gibt dieser Gefahr sogar einen eigenen Namen.

Sie heißt: ICH, ICH, ICH.

Jetzt werden Sie fragen, was es mit diesem ICH auf sich hat.

Was steckt hinter dieser Kraft, die Kleines und Großes gleichermaßen durcheinanderwirbelt?

Wenn sich ein Mensch in einem sozialen Gefüge, in einem Prozess der Kommunikation, nicht wieder findet, wenn er das Gefühl hat, dass er nicht verstanden, nicht gehört oder ausgeschlossen wird, dann sagt er: „ICH".

Damit geschieht Folgendes:

Der ICH-Sager setzt seine Subjektivität als autonomes Gebilde und verweigert gleichzeitig der Außenwelt den Zutritt zu seiner inneren Welt.

Wer ICH sagt, betont den Moment, er betont die eigene Bedeutung, es setzt den eigenen Wert gegenüber anderen. Es ist ein Wort des Kampfes: „Ich setze mich als wertvoll ein, indem ich mich gegenüber anderen hervorhebe."

Die Betonung des eigenen ICH ist ein moralischer Angriff auf die Außenwelt, der von vorneherein unterstellt wird, dass sie den ICH-Sager in ihre Welt nicht mit einbezieht.

Wenn sich ein ICH nicht verstanden fühlt, dann handelt es aus seiner Selbstbezogenheit heraus. Das führt zu einer Sichtweise der Welt aus einem bestimmten, eingeschränkten Blickwinkel heraus. Das ICH verfällt dem Glauben, dass es seine Geschichte, losgelöst vom sozialen Geschehen, selbst setzen kann. Welterfahrung wird auf persönliche Erfahrungsmomente reduziert. Die Substanz des ICH wird dadurch zu einem Persönlichkeitskult, basierend auf der eigenen gesetzten Selbstachtung und auf einem aggressiven Selbstvertrauen, das auf Ablehnung und Widerstand aufgebaut ist.

Es gibt keine Mitte, keine Weisheit, keine Muse, kein Seinlassen, keine Geschichte.

Der ICH-Sager wird durch die neuen sozialen Medien als unabhängige Wesenheit gestützt, weil er anonym seine selbst gesetzte Subjektivität in isolierter Form ausleben kann und dafür die kalte, ebenfalls anonyme, gefühllose Bestätigung Gleichgesinnter erhält.

Die sozialen Medien erschaffen damit eine neue Form von Verbundenheit, die darauf beruht, dass man sich anschließen kann, ohne sich selbst infrage stellen zu müssen. Mit seinen Gefühlen und seinen Gedanken bleibt man ohne ein wirkliches Gegenüber letztendlich allein, weil es kein Nachfragen gibt, das die Innerlichkeit wirklich trifft. Es ist eine ähnliche Abstraktheit wie bei dem Philosophen oder dem Esoteriker, der glaubt, dass er für sich Weisheit aus einem Buch herauslesen und erlernen kann.

Wer aus dem ICH heraus lebt, ist geschichtlich und als Person asozial.

Geschichte und ICH-Sagen vertragen sich nicht. Geschichte heißt Veränderung, Geschichte heißt gelebte Vielfalt und Kommunikationsfluss. Wer im ICH verharrt, der verharrt in starren Strukturen und denkt kurzfristig und persönlich erfolgsorientiert. Vielleicht ist diese Egozentrierung und Bündelung der Energien auf kurzfristige Zeitabstände das Erfolgsgeheimnis vieler Personen, die in führende Positionen in Politik und Wirtschaft drängen. Wir können es nicht leugnen: Die ICH-Sager sind erfolgreich, sehr erfolgreich!

Und meist hinterlassen sie verbrannte Erde, weil sie keine langfristigen Strategien verfolgen können, ohne dass ihre Unfähigkeit zutage tritt. Solche Systeme haben keinen dauerhaften Bestand.
Es gibt eine Ausnahme.
Wenn sich solch eine Person bis in die Zentren der Macht durchgeboxt hat, dann kann es sein, dass die Machtposition so unangefochten ist, dass sie den ICH-Sager schützt.
Je größer die Macht, umso unangefochtener ist die Egowelt des ICH-Sagers, umso mehr kann er sich ausleben, umso fester sitzt er im Sattel.

In einer Schreinerei taucht der ICH-Sager erst einmal sehr zurückhaltend auf.
Er sagt die einfachen Worte: „Ich auch …"
Dieses einfache Wort stellt die ganze Schreinerei infrage. Der Ich-Sager unterstellt, dass er von vorneherein nicht mitbedacht wurde, und macht seine Ansprüche geltend.
Eine Schreinerei, die die integrative Vermittlung nicht schafft, wird als Einheit und Gemeinschaft infrage gestellt. Der Meister wird infrage gestellt.
Der Meister erlebt diese sich selbst setzende Subjektivität als Form der Gewalt. Ein Meister handelt immer integrativ und kommunikativ, sonst gefährdet er alles, wofür er steht.
Das Problem ist tief sitzender, als es auf den ersten Blick erscheint. Mit einer sich selbst setzenden Einheit ist eine Kommunikation nur schwer möglich,

weil die Intention des Gesagten ihr Gegenüber nicht erreicht.

Der Meister sieht den einsamen und engen Weg des Selbstdarstellers.

Der Meister leidet deshalb sehr.

Das Vermitteln handwerklicher Fähigkeiten wird zur Nebensache. Die Hauptarbeit liegt jetzt in der Vermittlung einer inneren Haltung zur Aufnahme einer anderen Wirklichkeit.

Das bedarf vieler Geduld und scheitert oft.

Die ICH-Sager ignorieren sozial pulsierende Zustände beharrlich, weil sie ihr Handeln und ihre Verantwortung für die Gemeinschaft von sich entkoppeln. Das ist gefährlich bei der alltäglichen Arbeit mit Maschinen, das ist verheerend für die Qualität des Produktes, es ist unverantwortlich gegenüber Kollegen und Kunden.

Wenn ein Auszubildender sich weigert, der Meisterin die Hand zu geben, weil sie eine Frau ist, dann ist das ein krasses, aber sehr ausdrucksstarkes Beispiel einer selbst gesetzten Ausgrenzung. Oft genügt einfach nur ein Smartphone, um die gleiche Haltung auszudrücken.

Wenn ein Meister sich an diese Umstände gewöhnt, dann hat er verloren. Er verliert alles, was einen Schreinermeister ausmacht.

Machen wir jetzt einen kleinen Sprung aus dem kleinen Teich in den großen Teich.

Ein Schreinermeister wäre kein Schreinermeister, wenn er nicht die Übertragung seiner Erfahrung aus der kleinen Schreinerei auf die große Welt wagen würde.

Deshalb stellt er ein paar gezielte Fragen an die große Welt:

Wie würden Sie einen Auto-Konzernchef einstufen, der manipuliert und betrügt, um die Gewinnspanne des Konzerns und seine eigene Gewinnbeteiligung in die Höhe zu treiben?

Wie würden Sie einen Hedgefonds-Manager bezeichnen, der das Kapital auf die fallenden Kurse einer Nation setzt und alles dafür tut, dass dieses Land in den Abgrund gerissen wird?

Wie stufen Sie einen deutschen Abgeordneten ein, der für Diktaturen Lobbyarbeit gegen Provisionen leistet?

Wie würden Sie einen Menschen bezeichnen, der in einer Pandemie als Mandatsträger seinen Auftrag missbraucht, um Maskenprovisionen zu kassieren?

Was sagen Sie über einen Manager, der kurzfristige Gewinne höher einstuft als die Überlebensfähigkeit des Unternehmens?

Was sagen Sie über Entscheidungsträger, die kurzfristige Erträge in der Landwirtschaft höher bewerten als die Vergiftung der Böden und der Meere?

Sagen Sie jetzt nicht einfach, ,das sind Kriminelle'. Das sollen Gerichte entscheiden oder auch nicht.

54

Das sind ICH-Sager, die losgelöst von der sozialen Verantwortung und losgelöst von einem geschichtlichen Denken im Ego-Teich fischen.
Es ist beunruhigend, dass die ICH-Sager bereits führende Machtzentren der Welt besetzen. Und wenn sich ein ICH-Sager festgesetzt hat, dann kann man ihn mit kritischen Positionen nicht mehr erreichen. Im Gegenteil, die Umwelt muss sich dem Ego des ICH-Sagers anpassen und wird nicht selten Teil dieses Egos, mit den Mitteln der Gewalt oder einfach durch Faszination, denn Macht hat für potenzielle ICH-Sager und Mitläufer eine magische Anziehungskraft.

Die Welt wird jetzt eine Stufe gefährlicher. Der ICH-Sager verlangt Unterwerfung und Loyalität gegenüber seinem kranken Ego.
Bei einem ICH-Sager müssen wir immer damit rechnen, dass er impulsiv und unverantwortlich handelt oder überreagiert.
Normalerweise geht man davon aus, dass ein Mensch nichts tut, was sein Leben gefährdet.
Es gibt allerdings Momente für Egomanen, die wichtiger sind als der eigene Tod:
Sie wollen unbedingt recht haben!
Dafür sterben ICH-Sager mit Hingabe.
Es ist ihnen egal, wie viele Menschen mit ihnen untergehen.
Die Welt ist ihnen egal.

Der Schreinermeister hat die Gefahr für seine
Werkstatt erkannt.
Und wenn selbst ein Schreinermeister zugeben
muss, dass er nicht weiß, ob er dieser Gefahr
standhalten kann, dann sollte man wissen:
Die Zeiten werden härter.

7. Die Rückkehr des Meisters

In Kulturkreisen mit Reinkarnationsvorstellungen
können erleuchtete Wesen den Kreislauf der
Wiedergeburt verlassen und im Nichts
verschwinden.
Die weniger erleuchteten Wesen – und das sind sehr
viele – bleibt nur der Weg des Lernens offen, um
sich den Pfad zur Erleuchtung in ihrem jeweiligen
Dasein zu erarbeiten.
Das Karma, also die guten und schlechten Taten,
entscheiden darüber, in welcher Form der Mensch
nach der Wiedergeburt sein neues Dasein fristen
muss, als Straßenköter, als Dämon oder als
Suchender.
Auf dem Weg der Erkenntnis gibt es Hilfe.
Und diese Hilfe kommt von einem Meister.
Der Dalai Lama, zum Beispiel, verzichtet freiwillig
auf seinen Altersruhesitz im Nichts und wird nach
seinem Tode als neuer Dalai Lama wiedergeboren.
Er tut das aus Mitgefühl für die Menschen.
Er will den Menschen Hilfe und Stütze auf ihrem
schwierigen Wege zu innerem Frieden und
Erleuchtung sein.

Der Dalai Lama ist, als heiliger Mann, eine moralische Instanz. In ihm vereinigen sich alle Werte, die ein Suchender als Richtschnur für sein Handeln braucht.

Jeder Mensch entscheidet letztendlich mit seinen Taten, ob er sich für die große Reise als würdig erweist oder nicht.

Anders ausgedrückt, geht es um gelebte Moral, es geht um Werte.

Für einen Schreinermeister ist die Vorstellung von Wiedergeburt Zeitvergeudung.

Er weiß um seine Endlichkeit, und er weiß, dass er als nörgelnder Eigenbrötler niemals dem Idealbild eines Heiligen entsprechen wird.

Gleichwohl übernimmt ein Schreinermeister für seine Zeitperiode die Verantwortung für sich und für andere.

In seiner Person manifestieren sich alles Wissen, alle Werte aus Tradition und Geschichtsbewusstsein, die die Grundlage seiner Meisterschaft bilden. Er pflegt diese Werte und passt sie den heutigen Gegebenheiten an, um sie zukunftsträchtig weitergeben zu können.

Der Meister ist die Brücke, die Vergangenheit, Gegenwart und Zukunft verbindet.

Der Schreinermeister ist keine Reinkarnation als Person, aber er ist die reinkarnierte Verkörperung eines Wissens aus der Tradition seines Handwerks, eines Wissens, das er durch sich hindurchführt, auf ein höheres Level hebt und danach weitergibt an die nächste Generation. Der Schreinermeister erhält durch die Tradition eine Wertelast aufgeladen, die er permanent updaten muss, um einerseits das gesellschaftsfähige Anknüpfungsmoment nicht zu verlieren und andererseits die Visionen und Grundwerte seines Berufsstandes zu erhalten.

Erkennen Sie den Unterschied zwischen einem Dalai Lama und einem Schreinermeister?
Ein Dalai Lama kann seine Heiligkeit leben, er weiß um seine Mission.
Ein Schreinermeister muss sich täglich bewähren, er hat keine Mission, er hat eine Aufgabe.
Und diese Aufgabe besteht aus viel Arbeit.
Dieses erarbeitete Wissen ist ein durchlebtes Wissen, das sich in jedem Schreinermeister wiederfindet. Dieses Wissen wurde hart erkämpft, dieses Wissen ist aufgebaut auf den Versuchen der Meister, die irrten und ein Wagnis eingingen.
Das Wagnis der Meister ist das Fortschreiten der Entwicklung. Die Irrtümer der Meister bilden die Grundlagen für neue Entdeckungen.
Nur ein Meister kann diese Entdeckungsreise des Irrtums machen. Der Meister verfügt über das Grundwissen und die Fähigkeit, Dinge zu korrigieren und wieder in Form zu bringen.

Der Alltag eines Schreiners ist eine permanente Prüfung, weil das, was er tut, nie wirklich perfekt werden kann. Holz ist nun mal ein Naturprodukt und deshalb immer einzigartig.

Ein Schreinermeister weiß, in welcher Holzverlaufsrichtung er verleimen muss, aber wie die Zusammensetzung der einzelnen Teile dann in ihrer Gesamtheit aussieht, ist reine Intuition.
Ein Schreiner entwickelt dabei eine Haltung, dass er unvollkommene Dinge akzeptieren muss.
Das schließt ihn selbst mit ein.
Deshalb verzeiht sich ein Meister immer sofort.
Die Überraschungen und Veränderungen baut er danach in sein Leben als Handlungsmaximen ein.
Die Ideen der Praxis wurden und werden erlitten und durchlitten. Das kann man nicht lehren, das muss man erleben.

Später erscheint dieses Wissen der Praktiker in einer theoretischen Abhandlung eines fleißigen Akademikers, der glaubt, dass er damit ein Tor zum Erfolgshimmel geöffnet hat.
Ein Schreinermeister warnt an dieser Stelle den Selbstüberschätzer:
„Das kann böse enden, etwa in einem Berliner Flughafen, einem Stuttgart 21er Bahnhof oder, schlimmer noch, in einer Professur zur Unterrichtung von Unbedarften."

Ein Schreinermeister kann nur handeln, weil er sich seiner Fähigkeiten bewusst ist. Und diese Fähigkeiten haben ihren Anfang in der Tradition. Sie beginnen mit einer Gestellsäge, setzen sich fort in der Arbeit mit Handmaschinen und Standmaschinen

und tauchen dann ein in die unendlichen
Möglichkeiten der Hochtechnologie.
Für alles gibt es eine Zeit.
Ein Meister würde nie den Gesellen in die
Verwirrung schicken, um Erkenntnisse auszulösen.
Ein Meister gibt klare Anweisungen, bis sich eine
Überreife beim Gesellen einstellt.
Erst dann steht der Geselle vor der Wand.
Den Schritt, durch die Wand hindurchzugehen, muss
jeder für sich allein machen, das ist eine ganz
persönliche Entscheidung und Erfahrung.
Wer durch die Wand gegangen ist, hat sich einen
Raum erschaffen, der ihm erstmals die Möglichkeit
eröffnet, zu entscheiden, wie groß seine Ambitionen
wirklich sind.

Der Meister lächelt über die Flughafenerbauer und
hebt eine Gestellsäge in die Höhe.
In der anderen Hand hält er einen Dübel und eine
Schraube, die den Erfordernissen im
Katastrophenfall standhalten.

Danach steigt der Meister auf sein Fahrrad und fährt
davon. Ein verdreckter Aufkleber auf dem
Schutzblech ist noch zu erkennen: „Freiheit für
Tibet".

8. Sich wert fühlen

Es gibt doch tatsächlich Initiativen vonseiten der Politik und der Handwerkskammern, dass man einem Schreinermeister den Titel eines „Handwerker-Bachelor" verpassen will.
Mit dieser Symbolhandlung will man das Handwerk mit einem Statussymbol ausstatten, um das Image der „doofen Staubfresser" ein wenig aufzupolieren.
Die fehlende Anerkennung und der mangelnde Respekt vor dem Handwerk sind eine Entwicklung, die vonseiten der Politik mit verursacht wurde. Die viel beschworene Krise des Handwerks ist keine Krise des Handwerks, sie ist eine Krise dieser Gesellschaft!
Die Auswirkungen dieser Krise sind für alle auf einmal spürbar. Es fehlt an Nachwuchs, es fehlt an Nachfolgern, es fehlt an Geld.
Ohne Handwerker ist diese Gesellschaft nicht überlebensfähig!
So einfach ist das.
Kein Strom, kein Wasser, kein repariertes Auto, keine funktionierende Toilette, keine Reparatur eines Leitungsbruches, kein Hausbau, kein Schrank, kein Treppengeländer, keine Renovierungsarbeiten.

Die Liste ist unendlich lang.

Funktioniert das Handwerk nicht, funktioniert keine Baustelle, wobei der Begriff sowohl konkret als auch im übertragenen Sinn gesehen werden muss. Die Hälfte aller Start-ups würde ohne Mithilfe des Handwerks in einer Schublade verschwinden. Ein Großteil der Erfindungen würde nie gemacht werden.

Das Handwerk ist das Lebenselixier dieser Gesellschaft, und Schluck für Schluck wird dieses Stärkungsmittel in der Toilette heruntergespült.

Hinter dieser Entwicklung steckt eine Strategie. Es geht um Austauschbarkeit.

Ziel der neuen Bildungspolitik ist die Erschaffung einer breiten, gut ausgebildeten Elite, die jederzeit ausgetauscht werden kann.

In jedem neuen Firmenkonzept ist die Austauschbarkeit und Ersetzbarkeit eines Mitarbeiters wesentlicher Bestandteil seiner Stellenbeschreibung und Stellenplanung. Jede Firma hat zwischenzeitlich ihr eigenes Qualitätssicherungsmanagement mit geforderten ISO Zertifizierungen und mit Standardisierungen in jeder Form. Der Mensch fällt genauso unter dieses Qualitätsmanagement wie jedes andere beliebige Produkt. In einer Stellenbeschreibung wird der Umfang der Tätigkeit bis ins kleinste Detail festgelegt.

Das Bildungssystem leistet genau für diese umfassende Standardisierung die passende Vorarbeit. Es produziert Gymnasiasten und Einserschüler am Fließband und kanalisiert ihre Ausrichtung auf die Schnellabschlüsse an den Universitäten.

Schnelles, spezialisiertes, effektives Auswendiglernen. Das ist das Ziel.

Schneller Abschluss, schnelles Geld, schnelle Eingliederung, schnelle Anpassung.

Das Ergebnis dieses Fleißes ist dann der akademische Grad eines „Bachelors".

Die deutsche Bildungspolitik setzt zwischenzeitlich ganz auf die Pseudoakademisierung durch die Massenproduktion von Bachelors.

Die starke Anlehnung an amerikanische Bildungsmerkmale ist dabei durchaus gewollt.

Kein Land beherrscht das Prinzip von Austauschbarkeit und Spezialisierung so gut wie das amerikanische System.

Die amerikanische Filmindustrie hat eigens Spezialisten ausgebildet, die nur dafür zuständig sind, Blumentöpfe in der Kulisse umzustellen.

Nur diese Fachkraft darf diese Tätigkeit ausführen. Kein Regisseur darf das, kein Schauspieler, kein Handwerker.

So will es die Stellenbeschreibung, so will es das System.

In unseren Breiten ist diese Amerikanisierung bereits in Ansätzen spürbar.

Leider wird hierbei übersehen, dass es bei der Übertragung von einem System auf ein anderes zu erheblichen Reibungsverlusten kommen kann, weil die Schwingungsfrequenzen der Systeme sich sehr unterscheiden.

Bisher hat die deutsche Politik nicht bemerkt und vor allem nicht verstanden, dass mit dieser einseitigen Förderung wichtige Grundlagen dieser Gesellschaft zerstört werden.

Die Fähigkeiten, die dieses Land groß gemacht haben, gehen in kürzester Zeit verloren: die Fähigkeit des ganzheitlichen Denkens, die Fähigkeit des flexiblen Denkens, die Fähigkeit des Nachdenkens, die Fähigkeit des ausbaufähigen aufbauenden Denkens, die Fähigkeit aus einer Muse heraus zu denken, Kritikfähigkeit, die Fähigkeit Initiative zu entwickeln, die Fähigkeit, Transferleistungen zu machen, die Fähigkeit, systemübergreifend zu denken, die Fähigkeit der Kreativität, die Fähigkeit, Dinge zu erfinden, die Fähigkeit zu führen, zu leiten und zu riskieren – mit einem Wort, einen Betrieb zu gründen.

Die Liste der Zerstückelung des Geistes ist noch viel länger.

Die Aufgliederung der Studienfächer in Tausende von Studien-Fächerlein entspricht dem Entwicklungsniveau amerikanischer Verhältnisse. Wir sind nicht mehr weit davon entfernt, dass auch

wir Menschen dazu ausbilden, einen Blumentopf
verstellen zu können.

Diese Entwicklung macht einen Schreinermeister
wütend.
Sein ganzes Streben, Ausbildung als Teil von
Persönlichkeitsentwicklung zu sehen, wird mit
diesem neuen Bildungskonzept infrage gestellt. Der
Einzelne zählt nichts mehr, es gilt das Ziel eines
übergeordneten Interesses, das Interesse der
Optimierung für das wunderbare Ziel der
Geldvermehrung, um Reiche noch reicher zu
machen.
Die Entfremdung wird auf ein neues Niveau
gehoben. Der Spezialisierungsgedanke zerstückelt
jetzt sogar den Verstand.

Und was für ein Typ Mensch entwickelt sich in so
einem System der Spezialisierung?
Eine Horde von initiativlosen Angsthasen, die alle
hin zu gesicherten Festanstellungen streben,
möglichst mit dickem Gehalt, mit wenig Können,
mit wenig Lust auf Verantwortung und
selbstverständlich mit viel Freizeitflausen im Kopf,
eine Work-Life-Balance-Generation, die bereits am
Burnout-Syndrom leidet, bevor der Arbeitsprozess
begonnen hat.
Passend hierzu entwickelt sich eine neue Generation
von Berufspolitikern, die den Sprung vom Kreissaal
in den Hörsaal in den Plenarsaal als Schnupperkurse
im Schnellverfahren erledigt haben. Eine neue

Generation, die nichts Substanzielles zu sagen hat, weil ihr schlichtweg die Substanz der Ausbildung und Erfahrung fehlt. Eine neue Generation der Visionslosen, eine neue Generation von Kopfnickern auf den hinteren Bänken der Macht.

Ein Schreinermeister bringt es auf den Punkt:
„Wer nichts macht, macht nichts verkehrt."

Die Beschreibung dieser neuen Gesellschaft erledigt der Meister mit einem Satz:
„Die Welt ist eine Party."
Es ist jedem hoffentlich klar, dass wir hier über Werte sprechen!

Und wie definieren sich diese Menschen selbst:
Sie tun das abstrakt.
Sie definieren sich über einen idiotischen Titel und über die Anzahl an „Likes" in ihren Laptops.

Der Schreinermeister neigt nachdenklich den Kopf.
Er weiß, dass ein großer Teil der Bevölkerung bei dieser Beschreibung ganz vergessen wurde, weil dieser Teil unserer Mitmenschen nur in Form von Statistiken existiert.
Es sind Millionen von Analphabeten, die sich in die Zwischenräume dieser Gesellschaft verkriechen, es sind Millionen von Kranken und Abgehängten, die nicht wissen, wie es weitergeht.
Für sie gibt es keinen Platz in der Happy Verdrängungsgesellschaft!

Und wo sind die passenden Mitarbeiter für das Handwerk?
Es gibt keine!
Das heißt, sie sind da, aber am falschen Platz.

Es gab einmal einen Vorschlag eines bekannten Astrophysikers und Naturphilosophen, dass die Universitäten näher an die Stadt heranrücken sollten. Hinter diesem Gedanken stand der Wunsch, dass die Universitäten eine Spur näher an das Leben heranrücken sollten.
Dieser Gedanke hatte durchaus einen richtigen Ansatz, war aber trotzdem nicht konsequent zu Ende gedacht worden.
Die Inhalte selbst müssen ins Leben zurückgeführt werden.
Dazu braucht man einen „wissenden Lehrenden" mit einem „Tick Weisheit", der lehrt, was er ist, weil er Teil von dem ist, was er sagt. Und man braucht Zuhörer, Wissbegierige, mit einem Schuss Lebenserfahrung, die bereit für Entwicklung und Erweiterung sind.
Wir reden nicht von unseren heutigen Bachelors. Bei ihnen geht es nicht um Lebenserfahrung, nicht um Erweiterung von Persönlichkeit.
Wir reden über zukünftige Menschen, die die Abstraktheit der Lerninhalte verlassen wollen, um sich selbst zu finden, als Person, mit eigenem Ausdruck und mit der nötigen Verantwortung für das, was sie tun.

Die Forderung des Schreinermeisters ist deshalb weitergehender als der Wunsch seines Meisterkollegen von der Universität.

Jeder, wirklich jeder Student, sollte vor Beginn seines Studiums eine abgeschlossene Berufsausbildung haben, eine Handwerkerausbildung ist zu empfehlen.

Eine Berufsausbildung ist ein ganzheitliches System, bei dem die Vorgänge vom Anfang bis zum Ende durchdacht, durchlebt und durchgearbeitet werden.

Für seine Tätigkeit ist jeder selbst verantwortlich. Diese Tätigkeiten geben ein Verständnis davon, was Arbeit konkret bedeutet. Wir befinden uns jetzt mitten im Leben, mitten in der Wirklichkeit, mitten im Bereich der Erfahrung.

Eine Berufsausbildung vermittelt Fachkompetenz und gibt eine Struktur, sie vermittelt Persönlichkeit und lädt zum ganzheitlichen Denken ein.

Auf so einer Grundlage wachsen ein gesundes Selbstvertrauen und ein wirklichkeitsnahes Selbstbewusstsein.

Neben der fachlichen Kompetenz werden Soft Skills als Nebenprodukt gleich mitgeliefert.

In der Mama-Papa-Kultur gibt es in diesem Bereich leider zu viele Defizite.

Für das Handwerk sind solche Kompetenzen aber absolute Notwendigkeiten.

Viele Start-up-Projekte, die der Meister begleitet hat, wären ohne sein Mitwirken gescheitert.

Den meisten Universitätsabgängern fehlt schlichtweg das Verständnis für einfachste Vorgänge der Praxis, ganz abgesehen davon, dass sie zu keiner Transferleistung fähig sind.

Machen wir aus den jungen Leuten erst einmal richtige Erwachsene und geben ihnen die Zeit, sich besser kennenzulernen. Dazu gehören Ausprobieren, Scheitern, Reflektieren, Grenzen ausloten, Neues entdecken, Langeweile, Ruhe und Muße, Leid, Einsamkeit und vieles mehr, was hin zu Tiefe führt.

Am Beispiel eines hochbegabten, elfjährigen Jungen, der gerade seinen Bachelor in Physik mit Auszeichnung bestanden hat, verstehen wir das Problem sofort.
Der kleine Junge ist der Beste der Besten. Trotzdem versteht er nichts vom Leben. Und deshalb bekommt er auch keine Anstellung als Führungskraft, sondern einen Hund zum Streicheln.

Bei Menschen im nachpubertären Alter gehen wir über Entwicklungsstände und Lernprozesse einfach hinweg. Wer den Sprung in eine ganzheitliche Erfassung des Lebens nicht lernt, hat sein ganzes Potenzial an Möglichkeiten auf einmal verspielt, weil ihm die wichtigsten Grundlagen für ein ganzheitliches Erleben und Verstehen nie beigebracht wurden.

Er wird nicht suchen, er wird nur weiter auswendig lernen und sich in den vorhandenen Strukturen durchkämpfen oder sich diesen anpassen.
Mit so einer Haltung schafft man zwar seinen Bachelor und wird womöglich auch im Beruf erfolgreich, aber man bleibt immer nur ein zweitklassischer Hanswurst.

Eine Gesellschaft, die das nicht erkennt, befindet sich im direkten Absturz in die Bedeutungslosigkeit.

Wirklich große Systeme entstehen in Garagen und Werkstätten. Schon vergessen?

Wollen Sie jetzt immer noch einem Schreinermeister einen Bachelor-Titel verpassen?

Der Schreinermeister lächelt:
„Früher bezeichnete man einen Bachelor als Studienabbrecher!"

Damit hat sich die Sache wohl erledigt.

Über einen Titel „Master" für einen „Meister" müssten wir dann wieder neu diskutieren.

9. Sprachentwirrung

Die Geschichte von Moses und den zehn Geboten ist hinlänglich bekannt.
Auf dem Berge Sinai erhielt Moses die Gesetzestafeln, die das Verhalten der Menschen untereinander und gegenüber Gott regeln sollten.
Weniger bekannt ist, dass sich die Geschichte auf dem Berge Sinai ein klein wenig anders abgespielt hat, als es offizielle Aufzeichnungen berichteten.

Moses war als impulsiver Sturkopf bekannt, der mit seiner Rechthaberei im Namen Gottes sich und das Volk öfter in Schwierigkeiten brachte.
Als sich Moses zum Meeting mit Gott aufmachte, folgte ihm mit Abstand ein Vertrauter des Ältestenrates, der Moses vor Gefahren beschützen sollte.
Der Vertraute der Ältesten war ein kräftiger Zimmermann, ein kluger Kämpfer mit wachem Verstand.
Der Zimmermann sah aus weiter Entfernung, dass Moses vor dem brennenden Dornbusch hinfiel und ohnmächtig liegen blieb.

Sofort warf er Schwert und Schild weg und rannte los, um Moses vor dem Feuer zu retten.

Doch seltsam, der Dornbusch brannte zwar, aber er verbrannte nicht.

Der Zimmermann wusste sofort, dass höhere Mächte am Werk waren.

Er stellte sich schützend vor Moses und bot sein Leben an, wenn dafür das Leben von Moses verschont werden würde.

Damit hatte der Zimmermann unbewusst die Gesetzestafeln aktiviert, die in Stein gehauen neben Moses lagen. Er hatte sein Leben ganz in Gottes Hand gelegt und selbstlos gehandelt, um einen anderen zu retten.

Der Dornbusch brannte, Moses lag im Delirium am Boden und der Zimmermann wusste nicht, was er tun sollte.

In Erwartung seines Todes galten seine letzten Gedanken seinen Kollegen, die die ganze Last des Aufbaus in einem neuen Land von nun an allein tragen mussten, und er flehte den brennenden Dornbusch um Unterstützung für seine Handwerker an.

Danach wankte er zu dem nächstgrößeren Felsen, um in dessen Schatten zu sterben.

Er fiel sofort in einen tiefen Schlaf. Im Traum erhielt er den Hinweis, dass seinem Berufsstand Handlungshilfen zuteilwerden sollten.

Irgendwann erwachte der tapfere Mann.

Moses war nicht mehr da.

Moses befand sich mit den Gesetzestafeln bereits auf dem Rückweg zu seinem Volk. Von einem Beschützer hatte Moses in seiner Trance nichts mitbekommen.

Der Zimmermann war allein. Er war am Leben.
Im Sand sah er auf einmal das Wunder.
Er sah die Nachricht, die Gott ihm hinterlassen hatte.
Mit Wasser in den Wüstensand geschrieben standen die göttlichen Handlungsanweisungen für seinen Berufsstand.
Gott hatte Humor, das war offensichtlich.
Der Zimmermann konnte weder lesen noch schreiben.
Die Spur im Wüstensand, bei aufgehender Sonne und leicht einsetzendem Wind, konnte nur wenige Augenblicke überdauern.
Der Zimmermann reagierte sofort und rannte los.
Er suchte sein Holzschild und sein Schwert, das er weggeworfen hatte.
Er fand beides.
Geschult im Kopieren von Ornamentik für Pharaos Soldaten, ritzte er mit dem Schwert die Zeichen, die er im Sand noch sehen konnte, in sein Schild hinein.
Die Sonne ging auf, die Zeichen wurden undeutlicher. Zum Schluss gab es nur noch Wortfetzen, die er auf das Holz übertrug.
Der Zimmermann hatte sein Bestes gegeben. Er hatte Gott gezeigt, dass er mit Herausforderungen umgehen konnte.

Er war dankbar und glücklich über seinen neu
erworbenen Schatz.
Vielleicht gab es auch einen kleinen Winkelzug von
Eitelkeit in seinem Gesicht.
Jedenfalls erklärte er sich so den Sack voller
Probleme, die ihn bei seiner Rückkehr erwarteten.
Ein goldenes Kalb wurde massakriert,
Gesetzestafeln wurden zerschmettert, es wurde
gestritten und gekämpft.
Sein Job wäre es gewesen, die Gesetzestafeln vor
dem ausgeflippten Moses zu retten.
Er hatte versagt. Die Tafeln lagen zertrümmert am
Boden.
Beschämt und entmutigt schlich er sich in sein Zelt
und versteckte sein Schild.

Wenn ihr nun denkt, dass die Geschichte an dieser
Stelle endet, dann irrt ihr gewaltig.
Der Prozess der Entschlüsselung der göttlichen
Worte auf dem Holzschild dauert bis heute an. Das
Schild ist längst vermodert, alle Wortfetzen wurden
von Schriftgelehrten und Forschern verschieden
gelesen, entschlüsselt, kopiert, interpretiert,
uminterpretiert, zerlegt und wieder neu
zusammengesetzt.

Einzig bei den Handwerkern gab es den Ansatz, dass
unterschiedliche Interpretationen keine Bedeutung
haben, wenn nicht fortlaufend Veränderungen und
Anpassungen an neu gewonnen Erkenntnisse

vorgenommen werden, die sich wiederum in der Praxis beweisen müssen.

Neue Erkenntnisse gewannen die Handwerker durch Beobachtung ihrer eigenen Krisen.

Aus einer Krise lassen sich Schlüsse ziehen, um den Teil herauszufiltern, der mit Sicherheit nicht Gottes Wille sein konnte.

Die Identifikation der Problemlage führte zu einer Neubewertung der Wortfetzen aus Gottes Handlungsanweisungen. Neue hypothetische Sätze wurden formuliert, um sich der Bedeutung von Gottes Worten anzunähern.

So befindet sich das Handwerk in einer permanenten Diskussion.

Die Krisen haben nicht aufgehört. Die Inhalte und Bezugspunkte der Probleme unterliegen einer ständigen Veränderung.

Deshalb ist jede Handwerkergeneration aufgefordert, an der Verfeinerung des Gesagten mitzuarbeiten oder alte, überholte Auffassungen ganz aufzugeben.

Bei der Entschlüsselung der Worte auf dem Schild waren sich die Forscher einig, dass die Bedeutung eines Wortes „unfreier Mann" oder „Sklave" war, ein anderes Wort könnte man als „Demut" oder „Bescheidenheit" übersetzen.

Der Zusammenhang als Handlungsanweisung war nicht zu verstehen.

Die praxisorientierten Handwerker zu Moses' Zeiten haben das Wort Sklave so interpretiert, dass ein

Sklave nie eine beseelt göttliche Arbeit verrichten kann, wie das ein freier Mann tut. Diese Erfahrung haben die Handwerker aus ihrer Gefangenschaft in Ägypten mitgenommen:
Arbeit war einfach nur Last.

In einem anderen Zeitabschnitt, im Mittelalter, arbeiteten die Handwerker im Frondienst unter Ausbeutungsverhältnissen.
Sie mussten einen Teil ihrer Arbeit dem Adel abtreten. Aus einem Sklaven wurde eine ausgebeutete Arbeitskraft.
Ein neuer Name für einen Sklaven mit einer neuen Form der Abhängigkeit.
Der Satz der Handwerker damals hieß: „Niemand ist eines Anderen Knecht."
Es folgte ein langer Kampf, um sich aus den Fängen des Adels zu befreien.

Und die nächste Krise wartete schon. Wir springen in unsere modernen Zeiten.
Jetzt heißt der Sklavenhalter „Kreditwirtschaft", der Sklaven-Handwerker heißt „Schuldner und Bürge".
Das System der Unterdrückung gründet auf "Krediten". Und die Liste dieser Kredite ist lang: Kredite für Hallen, Kredite für Maschinen, Kredite für Materialvorleistungen, Kredite für laufende Betriebskosten, Kredite für Neuentwicklungen, Kredite für Marketing, Überbrückungskredite usw. Solange die Zeiten gut sind, lächelt der Banker, er kassiert und lächelt.

Leider sind in einer kapitalistischen
Gesellschaftsordnung Krisen systemimmanent.
Sobald eine Krise kommt, zeigt sich sofort die
hässliche Fratze der Finanzwirtschaft.
Das hat man in der letzten großen Finanzkrise
überdeutlich gesehen. Der immer lächelnde Banker
auf den Werbeplakaten wurde zum Symbol einer
neuen Scheinheiligkeit. Seine Peitsche lag immer
schon griffbereit in seinem schwarzen
Aktenköfferchen. Sobald das Köfferchen geöffnet
wurde, kamen die wahren Absichten zum Vorschein.
Das System war einfach und sehr wirkungsvoll.
Kredite wurden nur gewährt, wenn die Handwerker
ihre Häuser und Grundstücke als Sicherheit
überschrieben. Die Krise gab den Banken die
Möglichkeit, alle Absicherungen künstlich
herabzustufen, so dass es für die Kredite keine
ausreichende Deckung mehr gab. Jetzt konnten sich
die neuen Herren an den Ersparnissen der
Handwerker bedienen.
Die neuesten Erkenntnisse aus der Diskussion unter
Handwerkern lauten deshalb:
„Nichts mit Banken!"
Das ist wohl die neueste Interpretation der alten
Wortfetzen aus den göttlichen Anweisungen.

Vermutlich kommen bald neue Interpretationen
hinzu.
Die große Holzkrise bei Zimmerleuten und
Schreinern deutet das bereits an.

Diese Krise ist entstanden, weil Großmächte künstliches Geld in einen begrenzten Markt schießen, um sich die knappen Rohstoffe anzueignen.
Egoismus, die Macht der Stärke, rücksichtslose Vorteilsnahme, zerstörerisches Verhalten sind die neuen Krisenverursacher. Und alles wird finanziert aus Mitteln, die es gar nicht gibt!

Die Handwerker diskutieren bereits eine Pseudoglobalisierung, die ein neues Unterordnungsverhältnis manifestiert: Die Mächtigen und Reichen eignen sich die Arbeit und die Ersparnisse der Abhängigen weltweit an.
Und irgendwann erscheint der neue Satz, den sich die Handwerker aus der Krise erarbeiten werden.

Bei dem Wort „Sklave" hat sich die Betrachtung der Krisensituation als wirksames Mittel für die Begriffsinterpretation und die darauf folgende Praxis gezeigt.

Anders ist es bei dem Wort „Demut", das nie wirklich hinterfragt wurde.

Dieses Wort drückt eine innere Haltung aus.
Wir beugen uns vor der Größe Gottes, wir erkennen seine Allmacht und Überzeitlichkeit gegenüber unserer eigenen Begrenztheit an.
So ein Verhältnis funktioniert allerdings nur so lange, wie wir das Ganze mittragen.

Ohne uns gibt es keinen Gott.
Es ist die Einsicht in die Notwendigkeit, die uns zu
demütigen Menschen macht.
Und an diesem Punkt setzen alle Systeme an, seien
es Kirchen, diktatorische Systeme oder dogmatische
Einrichtungen. Sie legitimieren sich als gottgleichen
Ersatz und schreiben das demütige Verhalten in
ihrem Verhaltenskodex fest.
Sie setzen sich selbst als Außenmaß für eine neue
Bezogenheit zu demütigen Menschen ein.
Ihr Machtausdruck zwingt den Einzelnen in die
Haltung der Ergebenheit.
Dieses Verhältnis funktioniert so lange, wie die
Legitimation dieses Verhältnisses nicht angezweifelt
wird und niemand zu ‚Über-Mut' neigt.
In jeder Demut steckt das Potenzial der
Überschreitung.
Demut und Mut bilden ein schwingendes Pendel im
Leben. Jedes Nachdenken überschreitet. In jedem
von uns steckt ein faustisches Verlangen.

Die Handwerker haben sich ihre Freiheiten in vielen
Systemen der Unterdrückung erkämpft.
Einzig einen letzten Kampf haben sie nie geführt.
Sie haben sich nie von ihrer Urbezogenheit zum
Höchsten emanzipiert.
Und dieses Versäumnis ist bis heute spürbar.
Sie haben sich nie wirklich von ihrem gottgebeugten
Rücken, der einst ein Zeichen des Respekts war,
verabschiedet.

Der Gedanke von Demut ging immer schwanger mit der Vorstellung einer Bescheidenheit als Abbild eines göttlich gewollten Wunschbildes.
Bescheidenheit und Armut wurden dabei gleichgesetzt.

Bis heute haben es die Schreiner klaglos hingenommen, dass sie zu den Berufen zählen, die am schlechtesten für ihre Arbeit entlohnt werden.
Bescheidenheit mit Armut gleichzusetzen, war eine der schlimmsten Fehlinterpretationen eines Wortes in den göttlichen Handlungsanweisungen.
Erst in jüngster Zeit werden sich die Schreiner langsam klar darüber, dass Armut kein hinzunehmendes Schicksal bedeutet.
Armut wird gemacht und ist immer schon gemacht worden, und zwar von Menschen.
Gott ist unschuldig!

Wer durch händische Arbeit sein Brot verdienen muss, steht in der gesellschaftlichen Hierarchie ganz unten.
Entsprechend ist die Entlohnung.
Die Ironie besteht nun darin, dass der Reichtum einer Gesellschaft durch ihre Waren bestimmt wird.
Die Waren wiederum sind ein Produkt der Arbeit.
Selbst Bodenschätze gewinnen erst einen Wert, wenn sie durch Arbeit freigelegt werden.

Nach der Erschaffung der Waren melden sich alle Profiteure, die sich ein Stück vom Kuchen abschneiden wollen.

Das geschieht im internationalen Maßstab, weil es bei Raffgier keine Ländergrenzen gibt.

Alle Dienstleister der Welt, seien es Banken, Versicherungen, Handel, Transport, Medien, Telekommunikation, bis hin zu Politikern, Religionspredigern oder Yogalehrern, alle ernähren sich von diesem Ursprungsprodukt, das irgendwo produziert wurde.

Ohne die Ware gibt es kein Leben.

Ohne Arbeit gibt es keine Ware.

Der Produzent verdient wenig. Alle anderen verdienen mehr. Und manche verdienen sehr viel mehr.

Es gibt ein Hauen und Stechen in den Verteilungskämpfen auf der unteren Ebene der Produktion.

In den höheren Machtregionen geht es gesitteter zu. Die Verteilung wird in aller Stille geregelt, durch Gesetze, durch Absprachen, durch Konzernbeschlüsse.

Das Ergebnis bleibt immer gleich: Die Reichen werden immer reicher, während sich die Armen nach jedem Kampf ihre Wunden lecken müssen.

Die Schreiner haben erkannt, dass es nicht der Wille einer höheren Macht sein kann, dass sie als Lastesel die Sünden der Peiniger mittragen müssen. Sie fangen an zu zweifeln, sie fangen an, sich zu fragen,

was sich noch alles hinter dem Wort „Demut"
verbirgt.

Verbirgt sich in „Demut" vielleicht eine neue
Geisteshaltung, deren neue Bezogenheit
„Veränderung" heißt?

Ist „Demut" eine Aufforderung zum Überschreiten
und eine Hinwendung zu einer selbst gesetzten
Legitimation?

Wird aus einer „Demut der Gebeugten" auf einmal
eine „demütige Mitverantwortlichkeit"?

Ein demütiger Mensch spricht die Sprache der
Unterdrückten, er versteht, vermittelt und hilft.

Ein demütiger Mensch ist nicht korrumpierbar, das
Wohl aller liegt ihm am Herzen.

Ein demütiger Mensch trägt die Last aller, und er
erduldet so lange, bis Handeln zwingend notwendig
wird.

In jeder Demut steckt das Potenzial zum Kampf, der
dann beginnt, wenn die Maßlosigkeit der Gierigen
überhandnimmt.

Wenn Handwerker bis heute über ihre Situation
diskutieren, dann liegt das an ihrer unklaren
Ausgangslage. Der Wassertrick Gottes hat die
Handwerker in die Unabhängigkeit entlassen.

Es gibt für sie keine niedergeschriebenen,
festgelegten Gesetze. Sie müssen ihr Verhalten
immer wieder neu bewerten und in der Praxis
überprüfen. Das hat auch zur Folge, dass sie

gegenüber Krisen sehr sensibel geworden sind. Sie haben eine ausgezeichnete Beobachtungsgabe entwickelt und gelernt, mit Krisen umzugehen und aus den Krisen zu lernen.

Jede Krise, jede Diskussion bringt das Handwerk einen Schritt weiter in seiner Suche nach der tieferen Bedeutung der Worte im Sand.

10. Das Höchste

Wenn sich ein Schreinermeister Gedanken darüber
macht, ob er ein Meister ist oder nicht,
dann betritt er Bereiche, die jenseits von
Schrägkonstruktionen oder abfragbarem Wissen
liegen. Er stellt sich einer Auseinandersetzung mit
dem Höchsten, in dessen Kern sich die wahre
Meisterschaft verbirgt.
So handelt ein Meister auf der Suche nach neuen
Erkenntnissen.

Der Meister weiß, dass er das Höchste als Quelle
aller Inhalte und Widersprüche verstandesmäßig
nicht erfassen kann, trotzdem nimmt er das Wagnis
auf sich, einen Ausflug in die Vergeblichkeit zu
wagen.
Laotse hat bereits darauf hingewiesen, dass der
Name, der sich aussprechen lässt, nicht der ewige
Name ist, der Sinn, den man benennen kann, nicht
der ewige Sinn ist.
Nur in seiner Abstraktion eint das Höchste als
„Begriff des Allumfassenden" alle Religionen und
Auffassungen, der Begriff eint die Buddhisten mit
den Christen, die Muslime mit den Juden, die
Sozialisten mit den Faschisten.

Diese Einigkeit endet sofort, wenn der Begriff seine konkrete Ausformung innerhalb eines Sozialsystems erhält. Aus einem Begriff wird ein Verhältnis. Dem Höchsten wird sein Platz innerhalb eines Sozialsystems zugewiesen.

So wird aus dem Höchsten auf einmal ein konkreter „Gott" oder „Allah" mit eigener Gesetzmäßigkeit, manchmal wird aus dem Höchsten ein „Nichts" oder es endet in der Allmacht einer kommunistischen Partei oder der eines Führers.

Das Höchste und das Sozialsystem befinden sich in Wechselwirkung von Interessen.

Die Suche des Schreinermeisters befindet sich jenseits eines Interesses.

Seine Suche ist die Suche nach Erkenntnis und beginnt mit einer Frage:

„Wie kann ich das Höchste begreifen, wie kann ich mit meiner selbst gestrickten Wahrheit in die allumfassende Wirklichkeit vordringen, ohne daraus eine Interpretation zu machen?"

„Das Höchste ist das Höchste!"

Das ist die Antwort. Nichts geht über das Höchste hinaus. Das ist die Definition.

Gott ist Gott. „Es gibt keine anderen Götter neben mir,", wurde einst formuliert.

Verstehen kann der Schreinermeister Gott nicht. Bei seiner dreidimensionalen Denkweise endet Gott immer mit einem weißen Bart und väterlich mahnendem Ton.

Und doch gibt es eine Annäherung an Gott, die sich der Meister mit seiner beschränkten Denkkapazitäten anmaßt:
„Gott ist das Höchste. Es gibt nichts Weitergehendes oder annähernd Gleichwertiges.
Deshalb ist Gott einsam!"
„Er ist allein. Er kann es biegen und wenden, wie er will. Er ist einzigartig und deshalb allein. Und das per Definition."
Ein Schreinermeister weiß, was das bedeutet. Er kennt die Einsamkeit ebenso wie der Mönch, der Weise, der Seher oder der Einsiedler.
Alle sind einsam. Alle sind im Eingedenken mit dem Höchsten einsam.
So wird die Einsamkeit zum Bindeglied zwischen Gott und dem Schreinermeister.
Sein Einfühlungsvermögen aus dieser Einsamkeit heraus lässt den Schreinermeister mit den Energien des Höchsten mitschwingen.

Dem Höchsten nahe zu sein, hat nichts mit der Gnade Gottes zu tun, es ist vielmehr die eigene Fähigkeit, aus einem Einfühlungsvermögen heraus in Schwingung zu sein.
Dieser Vorgang lässt sich nur schwer in Worten ausdrücken, nichts ist greifbar, nichts bleibt.
Es ist Nichts.
Alles spielt sich in diesem Nichts ab, nicht benennbar, nicht beschreibbar.
Und doch bleibt ein Satz nach dem Erwachen:

„Ich war für kurze Zeit mit Gott zusammen, wie auch immer."

Die Annäherung des Schreinermeisters an das Göttliche endet in einem Gleichklang in der Einsamkeit.
Diese Form der Annäherung ist für uns eher ungewohnt.
Vertrauter ist uns, wenn die Initiative der Annäherung vom Höchsten ausgeht.
Hier ist Gott ganz klar im Vorteil, denn ihm stehen alle Mittel zur Verfügung, uns zu erreichen. Das Göttliche weiß, wie wir ticken, entsprechend kann sich das Höchste auf unser Verständnisniveau begeben. Gott steigt herab zu den Menschen, er steigt herab in unser Sozialsystem.
Die Überlieferungen solcher Kontakte liegen uns vor.
Das Höchste schickt Propheten, Gesetzestafeln, heilige Bücher und sogar einen Sohn, um uns mit dem Willen Gottes vertraut zu machen.
Das ist eine Einwegkommunikation, die uns nicht wirklich zufrieden machen kann.
Zu viel bleibt unverständlich.
Sodom und Gomorrha oder die Sintflut waren ziemlich ausdrucksstarke Hinweise für eine missglückte Kommunikation.
Was sollen die Menschen lernen, wenn sich eine Blutspur durch die Flut der Unterweisungen zieht?
Vorschriften, Gesetze und Verhaltensregeln durchziehen die göttlichen Unterweisungen, und

Strafe und Gewaltanwendung erscheinen als legitimes Mittel, den Gehorsam zu erzwingen. Bleibt die Frage: Warum tut Gott das? Gott gibt uns eine Richtschnur für richtiges Handeln. Er tut es, weil wir fehlbar sind.

Ein Schreinermeister nimmt den Fragebereich auf und sucht nach einer Verständigung, indem er Gott in die Frage mit einbezieht: „Und wie steht es mit den Fehlern Gottes?"

Es heißt, dass Gott unfehlbar ist. Entsprechend müssten seine Handlungen auch makellos sein, egal ob und in welchem Sozialsystem er agiert. Gott kann nur das fordern, was er selbst erfüllt. Finden wir einen Fehler, verliert Gott diese Makellosigkeit. Nehmen wir als Beispiel das christliche Sozialsystem und überprüfen die Makellosigkeit des Höchsten am Verrat des Judas an Jesus.

Das Höchste weiß, dass Judas Jesus verraten wird. Das Höchste kennt die Geschichte. Jesus sagt den Verlauf des Verrates sogar voraus. Dieses Wissen macht Jesus zum Mittäter gegen sich selbst. Es ist Jesus wichtiger, seine eigene Geschichte ablaufen zu lassen, als Judas beizustehen. Jesus verrät seinen Jünger, indem er ihn in die Falle tappen lässt. Judas hatte keinen freien Willen, die Geschichte zu verändern, Jesus schon.

Die Geschichte und sein Ende waren vorherbestimmt. Judas wird für Gottes Weg, uns die Erlösung durch seinen Tod und seine Auferstehung zu zeigen, von Jesus geopfert.
Auch 2000 Jahre nach diesem Ereignis gilt Judas immer noch als Inbegriff des Verräters.
30 Silberlinge sind bis heute Symbol für Verrat und korruptes Verhalten.
Verursacher aber war Jesus. Er wusste was er tat, er förderte den Prozess durch Nichtstun. Damit wird er schuldig.
Jesus war ein Strippenzieher, Gott war ein Strippenzieher, die ihre eigenen Interessen, über ein Einzelschicksal stellten.

Gott verweigert hier bis heute die Kommunikation. Deshalb bleibt es wieder einmal bei einem einseitigen Statement des Schreinermeisters, der für das Gesagte die volle Verantwortung übernehmen muss:
„Ich spreche Judas hiermit von jeglicher Schuld frei. Die Tragik von Jesus, der am Kreuz endet, verblasst am Leid dieses einzelnen Mannes, der keine Chance hatte, seine Geschichte zu ändern. Jesus ging bewusst in den Tod. Judas wurde in den Tod gedrängt.
Auch Pontius Pilatus wird im Zuge meiner Freisprechung entlastet. Er musste über einen Vorgang Recht sprechen, dessen Ablauf von vorneherein feststand. Der Angeklagte selbst hatte den Prozessablauf festgelegt.

Jesus setzte mit der Wiederauferstehung ein Zeichen. Das ist löblich.
Jesus opfert dafür andere. Das ist verwerflich.
Man darf Menschen nicht für seine Ziele funktionalisieren, wenn man den Anspruch hat, das Höchste zu sein."

Das Höchste bleibt für den Schreinermeister auch weiterhin unbegreiflich.
Trotzdem kann er eine weitere Gemeinsamkeit des Höchsten mit sich selbst feststellen:
„Ich bin fehlbar, Gott ist fehlbar."
„Zwei Einsame, die unter ihrer Fehlbarkeit leiden."

„Gib mir einen Punkt, und ich hebe die Erde aus den Angeln," meinte einst Archimedes.
Hier ist der Punkt für die gesamten Religionen:
„Fehlbarkeit des Höchsten."

Wenn die Bezogenheit des Höchsten zu unseren Sozialsystemen mit Fehlbarkeit des Höchsten behaftet ist, dann stürzen die Religionen in sich zusammen.
Eine Religion gründet auf der Unfehlbarkeit des Höchsten und leitet ihren gesamten Anspruch an Wahrheit davon ab.
Wie glaubhaft ist Jesus noch, wenn er sich selbst untreu wird?
Warum wählt Jesus Judas überhaupt als Jünger aus?
Warum sollte in den „Heiligen Büchern" das Gesagte in den Bereich der Unfehlbarkeit gehoben

werden? Die Bücher wurden von fehlbaren Menschen nach mündlichen Überlieferungen niedergeschrieben und das mithilfe einer geistigen Inspiration, die vermutlich auch ihre Tagesformen hatte.

Ein Schreinermeister sieht die Welt in ihrem heutigen Zustand sehr nüchtern:
Diese Welt erscheint ihm als Konstruktion eines alkoholisierten Architekten, der mit dem Ausmaß seiner Gestaltungsfehler überfordert ist. Es ist ihm klar, dass Gott unsere Hilfe, unsere Aufmerksamkeit und Hinwendung braucht.
Wir sollen Gott beistehen und ihn nicht ständig damit nerven, dass wir ohne ihn verloren sind.
Die Herausforderung für den Schreinermeister lautet:
„Die Welt kann nicht mehr renoviert werden, sie ist längst ein Sanierungsfall. Wir müssen gemeinsam das Chaos anpacken, das ein überforderter Gott mit seinen schrägen Konstruktionen angerichtet hat."

Ein Trost bleibt dem Schreinermeister:
Er hat das Höchste in seiner Einsamkeit an seiner Seite, denn Gott kann seiner Einsamkeit nicht entfliehen.
Und vielleicht gibt es ja einen guten Austausch im Trost.

11. Vom Ende zum Anfang

Sind Sie der Meinung, dass Sie für den Beruf einer Schreinerin oder eines Schreiners geeignet sind? Die gängige Meinung hierzu ist: „Mit Holz kann jeder." Trotzdem sollten Sie sich mit dieser Frage intensiv auseinandersetzen, ob Sie nun einen inneren Bezugspunkt zu diesem Beruf haben, aus der Fraktion der Baumumarmer stammen oder sich als Abfallprodukt einer missglückten Berufsberatung in diesen Berufszweig abgeschoben fühlen.

Ich helfe Ihnen bei Ihrer Orientierung, allerdings müssen Sie sich dafür auf einen ungewohnten Diskurs mit mir und mit sich selbst einlassen. Ich werde den Schreinerberuf aus einer neuen Perspektive auf sie wirken lassen, was Ihnen die Möglichkeit gibt, für sich selbst eine Standortverschiebung vorzunehmen, um scheinbare Klarheiten neu zu bewerten.

Normalerweise fragen wir uns nicht, wer wir eigentlich sind. Es gilt als selbstverständlich, dass wir eine Identität besitzen. Wir haben einen Namen, wir haben einen Alltag, aus dem heraus wir bestätigt werden. Wir haben eine Außenwelt, die unsere Sichtweisen der Welt bildet. Wir werden unterrichtet, beeinflusst, geformt durch die Dogmen der Alltäglichkeit, an denen wir unser Handeln ausrichten.

Wenn wir aber hinter die Kulissen dieser fest gefügten Alltäglichkeit blicken, dann überkommen uns manchmal Zweifel, ob wir nicht etwas im Leben verpassen. Wir sind unzufrieden mit uns selbst. „Was mach ich hier? Mache ich das Richtige? Was soll das Ganze?"

Das sind innere Fragen, die irgendwann jeden einmal packen.

Der Widerspruch kommt aus unserem Gefühl heraus und nagt an unserer Identität.

Zum Glück gibt es den Alltag.

Unser Alltag hilft uns, unsere Fassade aufrechtzuerhalten, er gibt uns Rückhalt, er hilft uns, unsere Rolle auch weiterhin überzeugend zu spielen.

Und dann kommt plötzlich eine einfache Frage, die uns völlig aus dem Tritt bringen kann:

„Was machst du so den Tag über?"

„Und wie fühlst du dich dabei?"

Diese Frage stößt in einen selbst geschaffenen Vertrauensbereich hinein und macht ihn fraglich.

Wir werden verunsichert, weil diese Frage geradezu die nächste Frage herausfordert.

Das Selbstverständliche verliert auf einmal seine Klarheit. Uns übermannt ein fremdartiges Gefühl und lässt eine Lücke in uns spüren: „Irgendwas stimmt nicht mit uns!"

Und vielleicht wird auf einmal hinterfragt, was bisher nie als Problem aufgefallen war.

„Wollte ich das wirklich tragen, was mir diese Influencerin vor die Nase gesetzt hat?

Habe ich jemals richtig geliebt? Ist dieser Beruf meine Berufung? Ist Geld ein Lebensziel für mich? Sind das richtige Freunde? Bin ich ein wahrer Freund? Ist der Aufenthalt in einer virtuellen Welt Erfüllung oder Ablenkung?"

Und bezüglich unserer Berufseignung würde ein Schreinermeister die Fragen stellen:

„Warum willst du Schreiner werden?"

Antwort: „Ich arbeite gerne mit Holz."

„Was ist an der Arbeit mit Holz so interessant?"

„Ich kann kreativ sein."

„Was ist für dich Kreativität?"

„Ich kann mich entfalten und niemand redet mir rein."

„Aber die Tätigkeit selbst wird dir doch vorgeschrieben?"

und so weiter…

Wenn man so in der Frage steht und hinterfragt, werden Einschränkungen, Zwänge, Vorstellungen und Begriffe aus einer Anonymität und Vielheit herausgelöst und spürbar gemacht. Die Frage selbst gibt uns die Möglichkeit, zu uns selbst in Distanz zu treten.

Die Frage setzt den Zweifel, die Frage öffnet eine Gefühlslücke in uns.

Wenn wir diesen Weg weiter beschreiten, stellen wir nicht einfach einen Punkt in einem System in Zweifel, wir greifen damit ein ganzes System an.
Nichts bleibt mehr ungefragt. Nichts mehr bietet wirkliche Sicherheit.
Wer einmal in der Frage ist, der bleibt in der Frage.
Der Fragende will es wissen, und er will Antworten und Klarheit.
Die Folgen können verheerend sein.
Wir werden auf einmal orientierungslos, wir verlieren sicher geglaubte Werte und letztendlich wird alles gleich-gültig.
Das ist ein mieses Gefühl, wenn einem der Halt entgleitet.

Woher kommt dieses Gefühl?
Dinge können nicht einfach gleich- gültig sein. Sie können nur von einer Bezogenheit her gleich-gültig sein.
Gibt es einen Ort, von dem her alles gleich gemacht wird?
Die Antwort lautet: „Ja!"
„Das ist der Tod!"
Es gibt kein Bleiben auf dieser Welt, damit wird alles egal.
Am Tod und durch den Tod wird alles egal.

Wir sollten an diesem Punkt einen Versuch starten und gemeinsam in diese Stimmung eintauchen.
Nicht denken, einfach nur hineinfühlen.
Los geht's:

Stellen Sie sich vor, Sie stehen am Ende Ihres Lebens.

Der Tod klopft an Ihre Tür.

Es gibt nur Ihn und Sie.

Sie sind dem Unausweichlichen völlig ausgeliefert.

Es gibt kein Entrinnen, keine Hoffnung, kein Erbarmen.

Das wichtigste Ereignis in Ihrem Leben reißt alle Wurzeln Ihres Selbstverständnisses heraus.

Alle Ihre früheren Prüfungen, Ihre Herausforderungen im Leben, Ihr Status, werden angesichts dieses Ereignisses auf einmal lächerlich wertlos.

Ihre Konflikte und täglichen Ängste brechen angesichts dieser einen großen Angst in sich zusammen.

In dieser Nähe zum Tod verschwindet jede Form der Sozialität. Es gibt weder Vater, Mutter, Freunde oder sonst irgendeine Person, die an diesem Punkt noch wichtig für Sie ist.

Ihre vermeintlich großen Errungenschaften werden für Sie völlig bedeutungslos.

Es ist so, glauben Sie es mir einfach. Der Tod steht direkt vor Ihnen. Er winkt Ihnen zu.

Alles wird angesichts des Endes g l e i c h g ü l t i g und gleichermaßen unwichtig.

Aufmunternde Worte erreichen Sie nicht, Nähe gibt es nicht mehr.

Den Tod stirbt jeder für sich allein, und zwar ganz allein, egal wie viele Menschen sich in Ihrer Nähe aufhalten.

Sie müssen akzeptieren, und Sie müssen sich dem Unvermeidlichen beugen.
Diese Macht direkt vor Ihnen wirkt abstoßend und anziehend zugleich
Dieses Spannungsverhältnis in den Extremen ist für Sie kaum zu ertragen.
Sie spüren die pure Angst.

Es liegt an Ihnen, wie Sie diesen letzten Moment gestalten wollen.
Neigen Sie zu Tapferkeit oder jammern Sie lieber.
Dies ist Ihr letzter Auftritt auf der Bühne „Leben", es ist Ihre bedeutendste Rolle.
Der Applaus wird Sie nicht mehr erreichen, die Gage für diese Rolle verschwindet in den Bilanzen eines Beerdigungsinstitutes.

Jetzt dürfen Sie wieder durchatmen. Sie leben noch. Und die folgenden theoretischen Ausführungen sind entspannend im Vergleich zu den Gefühlen um den Tod herum.

Im Raum steht nun die Frage: Was ist Tod?
Ist es die viel gepriesene Trennung von Leib und Seele, ist es ein rein biologischer Vorgang, der irgendwann endet, ist es eine Änderung der Identität oder die Rückkehr in den Ursprung, ein Auflösen im Nichts, ein ständiges Verfallen in einem zeitlichen Gefüge?

Das unterschiedliche Verständnis von Tod hat das gesamte philosophische Denken mitbestimmt und führt uns letztendlich zu den unterschiedlichen Haltungen im Leben selbst.
Deshalb ist es wichtig, ob man den Tod als Grenze sieht, ihn im Transzendenzbereich ansiedelt oder Tod als einen im Leben stattfindenden Akt des Sterbens begreift.

Der Umgang mit dem Tod änderte sich im Laufe der Geschichte. Die Angst vor dem Tod als zentrales Erleben im Leben aber bleibt und wird Sie immer begleiten.

Epikur versuchte, den Tod gelassen zu nehmen, was angesichts der Qualen in der Unterwelt sicher nicht einfach war. "Solange wir existieren, ist der Tod nicht da, ist der Tod da, existieren wir nicht mehr", meinte er und wich damit einer Konfrontation aus. Er verdrängte, was nicht erfahrbar ist.

Die christliche Lehre hat zu diesem Thema eine viel konkretere Ausrichtung mit klarer Absicht.
Sie beschlagnahmt den gesamten Bereich der Jenseitigkeit einfach für sich. Das neue Testament verkündet den Sieg über den Tod.
Dem Leben wird der Stempel der Schuld aufgedrückt, was als gerechte Strafe für den Sündenfall ausgelegt wird.
Jedes Individuum muss sich im Leben bewähren, um ein Ticket für das Paradies zu erhalten.

Mit diesem Dreh wird die Kirche zur Verwalterin der Angst.
Sie bestimmt die Regeln und sorgt mit der symbiotischen Verbindung zur weltlichen Macht für einen stabilen Zusammenhalt der Gesellschaft.
Eine perfekte Organisation der Unterdrückung.
Wer den Tod verwaltet, der herrscht. Alle Religionen haben sich diese Maxime zu eigen gemacht, bis heute.

In den modernen Gesellschaften des Abendlandes hat sich einiges verändert.
Die Perspektiven des Jenseits haben ihre Zugkraft verloren. Der Tod wird deshalb ganz in das Diesseits verlegt. Diese Entwicklung hängt damit zusammen, dass sich im geschichtlichen Wandel das Selbstbewusstsein verändert hat. Der Mensch hat durch seinen Zweifel gelernt, sich selbst zu setzen. Er hat jetzt eine ‚Selbstverantwortlichkeit'.

Mit diesem neu gewonnenen Selbstverständnis wurden alte Gesellschaftsstrukturen von einer neuen Vernunft und von neuen Interessen abgelöst.
Die neuen Interessen, mit vorkapitalistischem Geschmack, haben Lebensverhältnisse erschaffen, die für die Hinterbliebenen beim Verlust des Ernährers Elend und Verzweiflung hinterließen.
Wenn einer aus ihrer Mitte starb, gab es keine Hoffnung auf Hilfe, keine Hoffnung auf Erlösung.
Jeder Tod wurde zur realen Existenzbedrohung.

An den Gräbern der Toten spielten sich geradezu hysterische Szenen ab. Es wurde geschrieen, geweint und getobt.
Aus einem kontrollierten Tod wurde auf einmal ein unberechenbarer Tod.
Diese potenzielle Sprengkraft aus einer Gefühlslage heraus konnte für eine Gesellschaft durchaus zur Bedrohung werden, wenn das Gefühl in eine Protesthaltung umschlagen sollte.
In so einer Situation muss eine Gesellschaft entgegensteuern.
Im Bürgertum haben sich deshalb sehr früh Strukturen herausgebildet, nicht gelebte Gefühle in den Bereich der Innerlichkeit abzudrängen.

Verinnerlichen bedeutet, gegenüber den äußeren Ansprüchen Abwehrmechanismen aufzubauen oder zu verdrängen. Wir verinnerlichen, was wir nicht entäußern dürfen, da uns die gesellschaftlichen Normen bestimmte Verhaltensweisen aufzwingen. Wir werden dadurch gezwungen, unsere Angst intim zu leben.
Diese Angst schlummert in uns als nicht fassbare Weltangst, der wir ausgeliefert sind, weil es keine konkreten Äußerungsformen dafür gibt.

Alles, was mit Tod zusammenhängt, wird in irgendeiner Weise kanalisiert.
Der Tod wird in einer Maschinerie von Institutionen, Verwaltungen und Organisationen abgearbeitet. Wir erfahren von dem Tod nur sehr wenig. Dafür gibt es

Krankenhäuser, Hospizen, und eine ganze Beerdigungsindustrie einschließlich einer dazugehörigen Sterbeversicherung.
Wie viele Tote haben Sie in ihrem Leben schon gesehen?
Ich nehme an, das waren sehr wenige. Aber sterben tun sehr viele. Und wenn man es genau nimmt, eigentlich alle.

Die Todesangst, die in unserem Inneren vor sich hin schlummert, schützt unseren Organismus, wir reagieren auf Gefahren, die uns bedrohen, gleichzeitig darf sie aber nicht unentwegt in unser Bewusstsein dringen. Wir könnten nicht als normale Menschen funktionieren, wenn wir ständig mit dieser Angst konfrontiert wären.
Angst ist also eine Schutzvorrichtung zum Zweck der Selbsterhaltung, und gleichzeitig muss sie aber in unserem normalen Dasein zurückgestellt werden. Die Gesellschaft sorgt dafür, dass die Angst unter Kontrolle bleibt. Dafür hat sie eine Innerlichkeit der Intimität erschaffen und dieser Intimität eine riesige Verdrängungsindustrie zur Seite gestellt.

Wenn es im Interesse der Gesellschaft ist, dann aktiviert sie in bestimmten Momenten diese versteckten Gefühle. Auf diese Weise wird die schlummernde Angst dazu benutzt, unsere Entscheidungen zu beeinflussen. Und das geschieht öfter, als Sie es sich vorstellen können.

Wie aktiviert man diese Todesangst?

Die Werbeprofis beherrschen diese Strategien
perfekt.
„Wir haben nur noch 200 Taschen im Angebot,
danach ist Schluss."
„Dieses Angebot gilt nur bis 24.00 Uhr."
„Die Fördermaßnahmen enden zum Jahresende."
Alle Formulierungen fixieren einen Termin, der auf
Endlichkeit und Begrenztheit ausgelegt ist.
Das ist der Trick.
Ihre Gefühle reagieren automatisch und aktivieren
Ihr Abwehrsystem.
Sie werden in einen Konflikt geworfen.
Sie handeln oder leiden.
Ein fester Arzttermin oder ein Termin beim
Arbeitsamt hat die gleiche Wirkung.
Jede Prüfung hat diese Angst bei sich.
„Wenn ich nicht bestehe, ist alles vorbei …"
„Der Numerus clausus steht bei …"
Sogar die Stürmung des Parlaments durch die
Anhänger von Donald Trump wurde durch diese
versteckte Energie ausgelöst.
„Handelt auf Teufel komm raus oder ihr verliert euer
Land, eure Identität, euer Leben", lautete die
Intention des Gesagten.
Unser Leben ist voll von diesen Sätzen. Und diese
Sätze werden eingesetzt, um Sie zu bestimmten
Handlungen zu bewegen, aus welchen
Beweggründen auch immer.
Das ist Ihre neue Wirklichkeit.

Sie befinden sich in einem großen Spiel, und Sie
sind der Ball in diesem Spiel.
Glauben Sie nicht, wenn Sie sich in einer virtuellen
Welt verstecken, dann entkommen Sie diesem Leid!
Die virtuelle Welt ist Teil dieses ganzen Spiels. Sie
gehört mit zu der neuen Verdrängungsindustrie. Sie
wurde erfunden, um Sie ruhigzustellen.
„Brot und Spiele" hieß es früher, „Brot und Spiele"
heißt es heute.

Kann es in solch einem gesellschaftlichen Gefüge
überhaupt einen freien Willen geben?
Es gibt ihn, irgendwie, eingeschränkt, als Ahnung,
als Hoffnung.
Wenn Sie in Ihrem Leben Entscheidung treffen
müssen, dann sollten Sie dieses letztendliche Gefühl,
„endlich zu sein", in irgendeiner Weise in Ihren
Entscheidungsprozess mit einbeziehen.
Entscheidungen mit diesem tiefgründigen
Hintergrund werden gehaltvoll und bedeutungsvoll.

Eine Warnung hierzu:
Machen Sie jetzt nicht den Fehler, Ihre versteckten
Gefühle der Angst ganz in ihre Freiheit zu entlassen.
Danach brauchen Sie mit Sicherheit einen sehr guten
Therapeuten.
Nur schnuppern, einfach nur daran schnuppern.
Vom Ende her denken, das genügt schon für eine
gute Entscheidung im Jetzt.

Es wird langsam Zeit, dass wir uns um unsere Ausgangsfrage kümmern.
Der lange Umweg hierfür war notwendig, um Ihnen „die Frage als Handwerkzeug" näherzubringen.
Jedes Handwerkzeug braucht eine Unterweisung.
Das war eine Kurzunterweisung. Wirkliches Begreifen dauert Jahre und wird oftmals zur lebenslangen Suche.

Ist eine Schreinerlehre die richtige Wahl für Sie?
Sie stehen bereits in der Frage, fragen Sie weiter.
Sie wissen, dass eine Berufsentscheidung Bedeutung haben soll. Sie ist ein wichtiger Teil Ihres Lebens.
Lassen Sie es nicht zu, dass ein Arbeitsamt Ihre Ängste aktiviert mit Sprüchen wie:
„Das ist Ihre letzte Chance."
Es gibt immer einen Weg.
Denken Sie selbst vom Ende her. Nehmen Sie Ihr Leben in die Hand.
Nehmen Sie Ihre Träume und Wünsche ernst.
Ein „alter Hase" würde hierzu sagen:
„In Geld und Statussymbolen denken nur Zwerge.
Akzeptieren Sie, dass Sie ein Riese sind. Also verhalten Sie sich auch so. Entscheiden Sie klug und mit Herz."

Einen letzten Ausblick auf den Schreinerberuf gebe ich Ihnen noch.

Ein Schreinermeister hat eine besondere Beziehung zum Tod.

Er streicht jeden Tag über das Holz, das vor Kurzem noch ein Lebensmoment für ein Gesamtsystem war. Er spürt die Tragik eines jeden Baumes, er sieht seine Wunden, seine Geschichte, sein Alter. Er kennt Verarbeitungsprozesse von Pressspan und Multiplex, und er kennt die Auswirkungen der Umgestaltung von Lebendigkeit in Funktionalität.

Ein Schreinermeister hat Respekt vor dem Leben, er hat Respekt vor seinem Material, das einst vor Lebendigkeit blühte.

Ein Schreiner kann sein Holz spüren. Durch seine Hände versucht er dem Material neue Lebenskraft zu übertragen. Manchmal gelingt das, aber ein Hauch von Wehmut ist auch immer mit dabei.

Der Schreiner gestaltet sehr schöne Dinge, aber er produziert durch die Vergänglichkeit von Geschmack und Design auch gleichzeitig den Müll von morgen.

Ein Schreiner weiß das. Er muss damit leben.

Vielleicht hilft ein alter Spruch bei deiner Suche:
„Lebe, wie du, wenn du stirbst,
wünschen wirst, gelebt zu haben."
Christian Fürchtegott Keller. Gedicht: Vom Tode.
Jahr: 1818.

12. Gefühlsdenken

Kann man mit einem Gefühl eine Denklücke
schließen, wenn wir mit Denken allein an die
Grenzen des Machbaren stoßen?
Kann ein Gefühl zum eigenständigen Denkakt
werden, quasi als Ersatz oder Ergänzung für
„Denken"?
Gefühle haben Auslöser. Damit stehen sie immer in
irgendeinem Beziehungsverhältnis zu
einem Ursprung, einem Ereignis oder einem
Erlebnis.
Das Gefühl hat einen Bezug zur Wirklichkeit, weil
es mit seiner Sichtweise in Korrespondenz mit der
Wirklichkeit steht.

Für einen Schreinermeister ist diese Erkenntnis
substantiell.
Sein Arbeitsmaterial, „Holz", führt ihn permanent in
nicht fassbare Denkbereiche hinein, bei denen das
Gefühl und die Intuition die Führung im
Entscheidungsprozess übernehmen muss.
Jedes Holz ist einzigartig, das schließt Perfektion
von vorneherein aus.

Das Material ist nicht perfekt, der Meister ist es ebenso wenig.

Er muss damit leben, dass ab einem bestimmten Moment einzig die Intuition und das Gefühl darüber entscheiden, wie ein Produkt aussieht.

Das Gefühl übernimmt einen Part, der sich außerhalb von Logik und Berechenbarkeit bewegt.

Ein kreatives Moment im Gefühl ersetzt den bewussten Denkprozess.

Dieses kreative Moment macht aus einem Gefühl ein Gefühlsdenken.

Selbstverständlich nährt sich dieses Gefühl aus dem ganzen Erfahrungsschatz eines Schreinermeisters, aber jede Denkgrenze führt in eine neue Gefühlssituation, über die er keine wirkliche Aussage machen kann.

Der Ablauf eines Gefühlsprozesses, vom Moment der Gefühlsaufnahme bis hin zur Gefühlsumsetzung findet in einer Art Blackbox statt. Dieses Gefühl steht außerhalb seiner Eingreifmöglichkeiten, da sich Denken bereits im Vorfeld des Gefühls erschöpft hat.

Der Meister ist dem Gefühl ausgeliefert.

Das Ergebnis des Gefühlsprozesses ist für ihn im Voraus nicht bestimmbar.

Ähnlichkeiten können wir beim Träumen feststellen. In einem Traum finden Ereignisse statt, die irgendwie mit einer Wirklichkeit zusammenhängen,

ohne dass wir Zugang zu dieser Realität haben. Wir sind dem Traum ausgeliefert.
Wer träumt, ist nicht wach, wer wach ist, träumt nicht.
Es gibt zwar tiefenpsychologische Zugänge zum Verständnis des Traumes, die finden aber im Nachhinein statt und nicht während des Traumes.

Es gibt eine Form des Träumens, bei der ein bewusstes Eingreifen in das Träumen möglich wird.
Es gibt Menschen, die das Eingreifen in Träume beherrschen. Echte Profis darin sind Schamamen, die das Träumen für Erweiterungsprozesse einsetzen.
Ein Schamane kann sich mit seinem Wachbewusstsein in die Traumwelt hineinbegeben.
Er kann im Traum bewusst handeln.
Normalerweise schließen sich Traum und Wachzustand gegenseitig aus.
Einem Normalsterblichen ist dieser lange Aufenthalt im Träumen ohne Training nicht möglich. Er kann nur den Traum beenden, nicht bewusst in ihm verweilen.
Wenn Denken an seine Grenze kommt und ein Gefühl die Weiterführung übernimmt, dann entzieht sich dieses Gefühl – ähnlich wie beim Traum zum Wachsein – dem direkten Einfluss des Denkens.
Der Schamane hat eine Methode entwickelt mit dem Bewusstsein am Traumprozess teilzunehmen.
Das Denken hat sich eine Möglichkeit erschaffen, am Prozess des Gefühls teilzunehmen.

Das Denken übergibt seine ganze Fähigkeit dem Gefühl. Das Gefühl fasst die gesamten Möglichkeiten und Fähigkeiten einer Person, einschließlich aller verdeckten Wünschen und unausgegorenen Vorstellungen, in einer „Kreativität des Gefühls" zusammen.
Die Kreativität ist die Kraft, die im Gefühl einen abwägenden Entscheidungsprozess herbeiführt.
Das Gefühl denkt!
Es wägt ab.
Das Gefühl denkt unabhängig vom bewussten Denken. Es verfügt mit seiner Art des Denkens über eine eigene Entscheidungskompetenz, jenseits von Logik, jenseits von Berechenbarkeit.

Die Entscheidungen, die durch das Gefühlsdenken getroffen werden, können für den Schreinermeister deshalb sehr überraschend ausgehen.
Er trifft auf einen Teil seines Selbst, das ihm fremd und doch irgendwie vertraut erscheint. Der kreative Teil in ihm hat das geweckt, was bereit war, erweckt zu werden.
Das Denkgefühl hat auf die gesamte Persönlichkeitsstruktur des Individuums zurückgegriffen und selbst verborgene Geheimnisse in seinem Entscheidungsprozess berücksichtigt.
Das Denkgefühl meldet sich in der Weise, wie die Bereitschaft besteht, Dinge ans Tageslicht zu führen.
Ein Meister hat diese Bereitschaft. Er ist risikobereit und offen.
Und damit befindet er sich in bester Gesellschaft.

Albert Einstein hatte immer einen Block und ein Bleistift neben sich liegen. Er hat auf diesen kreativen Moment gewartet. Er war bereit für die Weltenformel.
Leider war diese Formel noch nicht in ihm. Sonst hätte er sie entdeckt, da bin ich ganz sicher.

Die Kreativität im Gefühlsdenken entzieht sich einer wissenschaftlichen Annäherung.
Tiefenpsychologisch kann man sich einem Gefühl annähern, aber nicht einem Gefühlsdenken, das Kreativität als Mittel für Unabhängigkeit einsetzt.
„Bereitschaft" ohne konkreten Inhalt ist zu wenig für eine wissenschaftliche Zugehensweise.

Anders ist das bei einem Schreinermeister. Er lebt und schöpft aus dieser Bereitschaft.
Er kennt die Ergebnisse des Gefühlsdenkens aus seiner Praxis.
Deshalb wird für ihn ein Gefühl mit eigenem Denkpotenzial zum Argument.
Er scheut auch nicht davor zurück, das Gefühl in den Stand eines eigenständigen Denkaktes zu erheben.

Wenn sich wissenschaftliche Disziplinen dem Göttlichen annähern, dann übernehmen das vorzugsweise die Denker der Philosophie. Ein Schreinermeister mag Philosophen.
Allerdings erkennt er auch die Grenzen in vielen ihrer Denkansätze.

Mit seiner neuen Art des Denkens, Nichtfassbares mit Überschaubarem zu verschmelzen, also Denkgefühl und Denken als Einheit zu betrachten, konnte er dem Höchsten ein klein wenig näher rücken.

Das kreative Denkgefühl stellt die Verbindung zu Gott durch das Gefühl her. Logik und Gefühl vereinigen sich danach zum Argument.

Mit diesem Argument kommt der Schreinermeister dem Höchsten etwas näher.

Gott wird dadurch ein klein wenig entzaubert.

Diese Methode ist ausbaufähig und eröffnet vielleicht neue Möglichkeiten im Denken selbst.

Das Zusammenspiel von Denk-Gefühl und Denken lässt Nichtfassbares mit Überschaubarem verschmelzen, woraus sich neue Sichtweisen und Zugehensweisen auf unbekanntem Terrain entwickeln können.

Jede Annäherung an das Höchste klingt irgendwie unausgegoren. Dieses Gefühl kann auch der Meister nicht wegwischen. Aber vielleicht ist genau dieses Gefühl die Fortsetzung in unseren Überlegungen.

Den Block und den Bleistift sollte man sich jedenfalls auf den Nachttisch legen.

Man kann nie wissen, ob „der Inhalt" für „die Bereitschaft" nicht schon wartet.

Der Schreinermeister macht das auf seine Art. Er wendet sich wieder seinem Holz zu.

Auf ihn warten wieder spannende Momente, wohin ihn sein Denkgefühl führt.
Er ist bereit dafür.

13. Handwerk als Poesie

Wir tun und entäußern uns, wir denken und
hinterlassen etwas, wir spüren und werden eins mit
etwas, wir formulieren und ahnen für einen
Augenblick, wer wir sind.

Wenn wir all das wieder lesen, dann wundern wir
uns darüber, dass wir so etwas schreiben konnten.
Wir sind nicht mehr die Gleichen, die eine Sache
hergestellt, durchdacht und erfühlt haben, wir sind
Fremde, denen der innere Gehalt der Sache
entglitten ist.
Wir versuchen zu ergründen, zu verstehen, um den
Fluss des Gesagten zu entschlüsseln.
Es gelingt uns nicht. Wir sind nur Besucher in
unserer eigenen Welt.
Die Autorität der Worte verdeckt den gelebten
Ablauf der Gedanken, die Betrachtung des Werkes
verdeckt den Prozess der Entstehung und damit
seinen inneren Wert.

Ein Schreinermeister ist der Schöpfer vieler Dinge.
Er ist der Geist, die Seele und der Gestalter seiner
Werke. Er dringt in Tiefen vor, die jenseits von

Verstand und Vorstellungen liegen. Er fühlt und erahnt die höhere Dimension, in der er sich befindet. Das Werden ist mehr, als er selbst ist.
Seine Seele verschmilzt mit den Seelen seiner Lehrer, er wird Teil einer großen Geschichte, die ihn trägt und dessen Träger er in seiner Zeit ist.

Am Ende jedes Prozesses ist er nur noch als Gast anwesend.
In der Position des Betrachters verschwimmt die innere Stimmigkeit, die er als Schaffender noch hatte. Aus einem „Dahingleiten" wird ein „Begutachten". Aus einem „Wert" wird ein „Bewerten".

Ein Schreinermeister wird in die Distanz und Selbstentfremdung geworfen, sobald er den tätigen Prozess verlässt.
Er ist nicht mehr das Produkt, er ist außerhalb des Produktes, ein Fremder, ein Suchender, ein Verlorener.
Seine Bestätigung kommt jetzt von außen. Die Kunden beglückwünschen ihn, die Kollegen klopfen ihm anerkennend auf die Schulter.
Der Meister spürt zwar die Anerkennung über eine Sache, aber er selbst ist nicht mehr die Sache.
Jeder Schaffende erleidet das gleiche Schicksal. Er endet als Fremder seiner selbst.

Ein Schreinermeister lernt. Er ist ein Meister.

Er holt sich sein Produkt durch eine neue Zugehensweise wieder.

Er betrachtet sein Werk und seine Formulierungen als Poesie.

Werk und Formulierungen werden für ihn zur reinen Dichtkunst.

Das Werk verströmt eine Stimmung, es vereinnahmt und umgarnt den Betrachter.

Der Meister gleitet in diese Stimmung hinein und entdeckt völlig neue Dinge. Das Werk ist nicht mehr das Werk, das er geschaffen hat, es ist das Werk, das ihn jetzt bereichert. Er sieht alles mit anderen Augen, er entdeckt in dem Werk andere Qualitäten. Vieles sieht er zum ersten Mal. Vieles begreift er zum ersten Mal.

Der Meister wird zum Kind, das staunt.

Als Betrachter kann der Meister die Erlebniswelt des Schöpfers niemals in seiner Ganzheit erfassen. Er wird niemals die unergründlichen Tiefen nachvollziehen können, die den Fluss des Tuns und den Fluss der Gedanken bestimmt haben.

Es gibt eine gefühlte Logik in der Gedankenwelt des Schöpfers, jeder Handgriff, jede Zeile hatte ihre Berechtigung in dem Augenblick seines Erlebens. Es ist ihm gelungen einem Mysterium einen Ausdruck zu verleihen. Er konnte es tun, ohne es wirklich zu verstehen.

Das war auch nie sein Anliegen.

Ist das Werk beendet, endet ein Traum.
Die Realitäten verändern sich schlagartig.

Das ist die Schizophrenie des Schaffenden, er
braucht die Hilfe seines anderen Ichs, in einer neuen
Realität, um sich selbst zu erkennen.

Der Meister des Schaffens kümmert sich nicht um
ein Begreifen.
Der Meister als Betrachter hat keinen Zugang zu
dem Mysterium des Schaffens.
Für ihn gibt es nur den Weg der Annäherung über
Poesie, um aus dem Klang des Werkes zu dem
inneren Geheimnis vorzudringen.

Die Tragik ist, dass sich die Welten nie wirklich
treffen, sie können sich annähern, aber nie zu einer
Einheit verschmelzen.

Das gleiche Produkt, die gleiche Person, zwei
unterschiedliche Welten.

Egal, die Hauptsache ist, dass sich Schöpfer und
Betrachter mögen.